MEIN
GROSSES
BUCH ÜBER DAS
WELTALL
NATIONAL
GEOGRAPHIC
KiDS

MEIN GROSSES BUCH ÜBER DAS WELTALL

VON CATHERINE D. HUGHES

ILLUSTRATION
DAVID A. AGUILAR

NATIONAL GEOGRAPHIC KiDS

ÜBERSICHT

EINLEITUNG

Dieses Buch möchte die jungen Leser auf einer Entdeckungsreise durch den Weltraum und seiner Wunder begleiten. Es hat Antworten auf spannende Fragen wie „Wie viele Sterne gibt es?“ oder „Was ist der Weltraum?“. Wenn wir in den Himmel schauen, sehen wir den Mond, die Sonne und andere Sterne sowie weite Bereiche, in denen scheinbar nichts ist. Aber zwischen den Sternen, den Planeten und den Monden oder außerhalb jeder Atmosphäre, die diese umgibt, befinden sich Fels- und Metallfragmente, viel Staub und Gas. Das enorme „Nichts“, in dem all dies sich befindet, ist der Weltraum.

„DAS ERSTE GROSSE BUCH ÜBER DEN WELTRAUM" VON NATIONAL GEOGRAPHIC KIDS IST IN FÜNF KAPITEL UNTERTEILT.

BEOBACHTUNGEN AM HIMMEL

Das **ERSTE KAPITEL** gibt einen Einstieg in das Buch und stellt einige der bekanntesten Himmelskörper vor: Sonne, Erde, Mond und Meteoriten.

DIE ERDNACHBARN

Das **ZWEITE KAPITEL** geht weiter mit einer Reise ins Sonnensystem und zu den anderen großen Planeten: Venus, Merkur, Mars, Saturn, Jupiter, Neptun und Uranus.

WEITERE ERDNACHBARN

Weitere Himmelskörper in der Nachbarschaft der Erde sind im **DRITTEN KAPITEL** beschrieben: Asteroiden, Zwergplaneten (mit denen sich insgesamt 13 Planeten im Sonnensystem befinden) und Kometen.

IN WEITER FERNE

Im **VIERTEN KAPITEL** richten wir den Blick auf den Weltraum und beschreiben das Universum mit seinen Sternen, Konstellationen, Galaxien, Nebeln und den Schwarzen Löchern.

DEN WELTRAUM ERFORSCHEN

Das **FÜNFTE KAPITEL** erzählt von den Entdeckungsreisen der Menschen im Weltraum mit Raumfähren, Teleskopen und Raumstationen. Ihr könnt auch eine Stadt der Zukunft auf dem Mars besuchen!

LEITFADEN

BESONDERES
Tiefergehende Informationen sind markant hervorgehoben und bereichern die Texte der einzelnen Abschnitte.

DATEN Eine Kurzinfo gibt einen Überblick über das jeweilige Thema. Die Größe der Erde (immer links) im Vergleich zu den anderen Planeten. Die Entfernung zur Erde wird in der Zeit ausgedrückt, die ein Raumflugkörper benötigt, um diesen Ort zu erreichen und zu überfliegen.

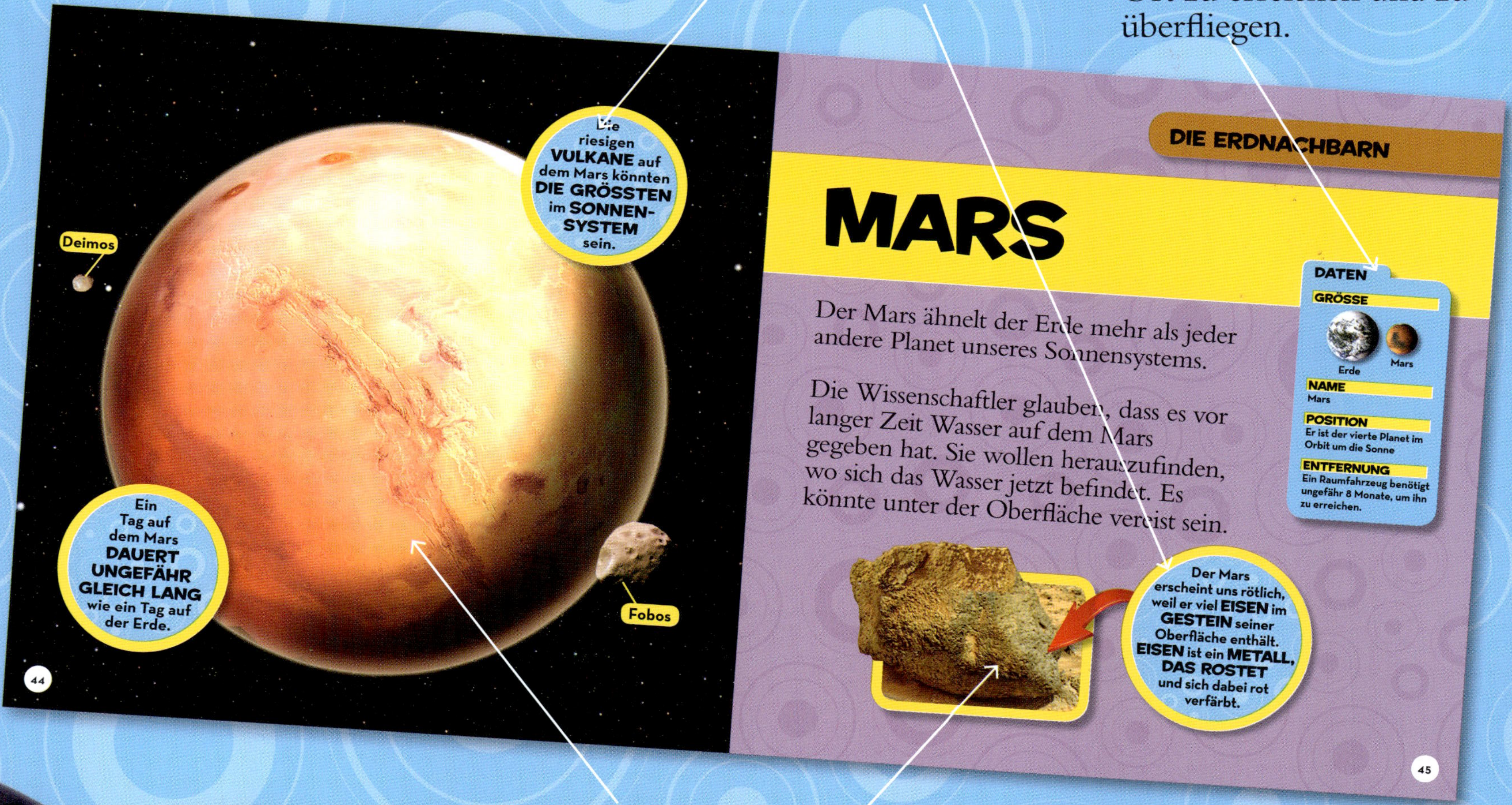

Farbige, detaillierte Zeichnungen und Bilder vervollständigen das Thema jeder Seite und die Beschriftungen erklären zusätzlich jedes besondere Detail.

FÜR ELTERN
Am Ende des Buches findet ihr eine Karte des Sonnensystems, lustige Aktivitäten im Zusammenhang zum Weltraum und ein Glossar.

UNSER SONNENSYSTEM

Hinweis: Die Abstände zwischen den Planeten sind nicht maßstabsgerecht.

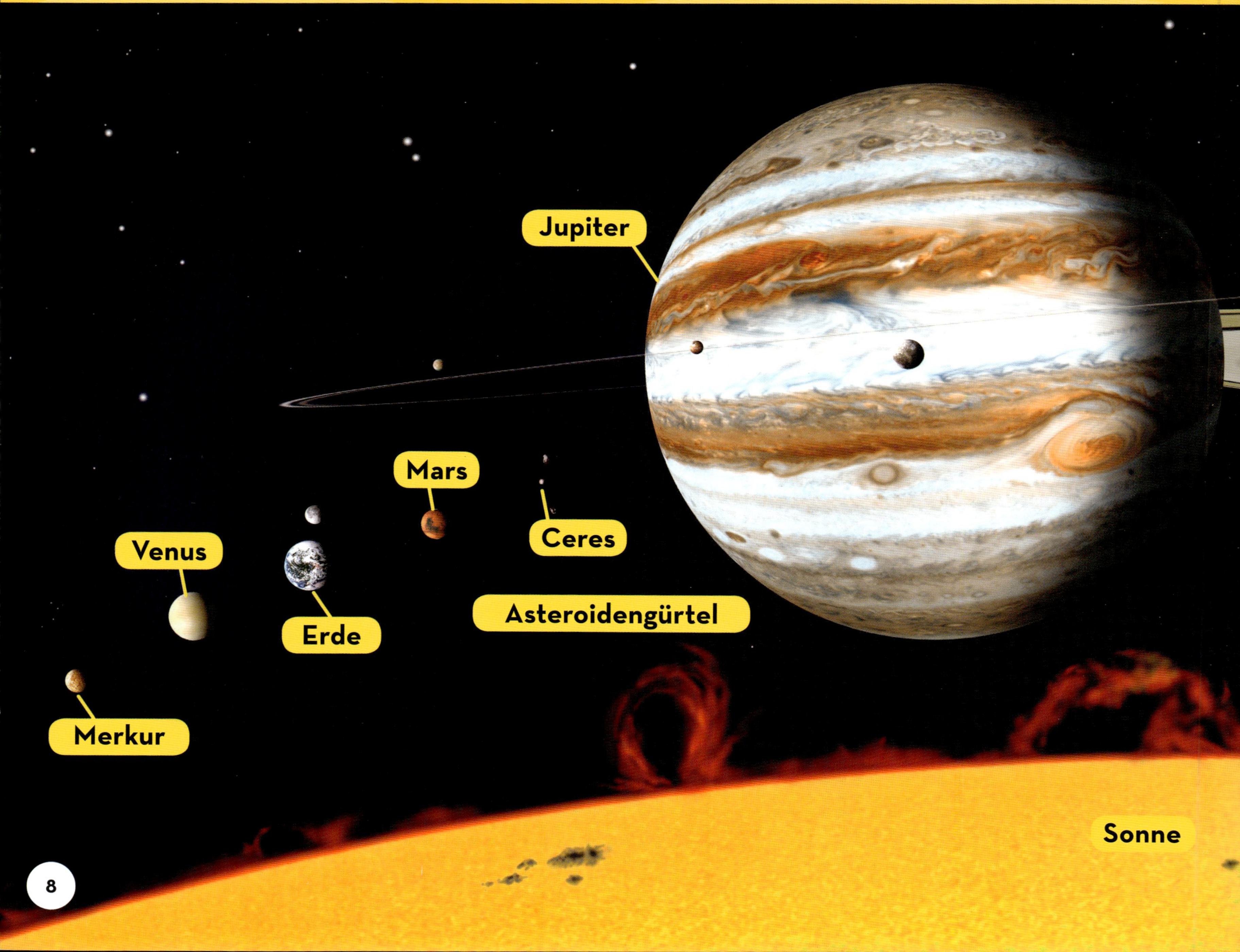

Die Sonne befindet sich im Zentrum des Sonnensystems der Erde. Dieses Buch beginnt mit diesem wichtigen Stern. Die Abbildung zeigt die Größe der Sonne im Vergleich zu den acht großen Planeten, fünf Zwergplaneten und einigen Monden (auch Satelliten genannt), die in den Kapiteln 1, 2 und 3 behandelt werden. Außerdem sind die Positionen des Asteriodengürtels und des Kuipergürtels angegeben. Wenn ihr die verschiedenen Themen lest, schaut euch auch immer wieder diese Abbildung an.

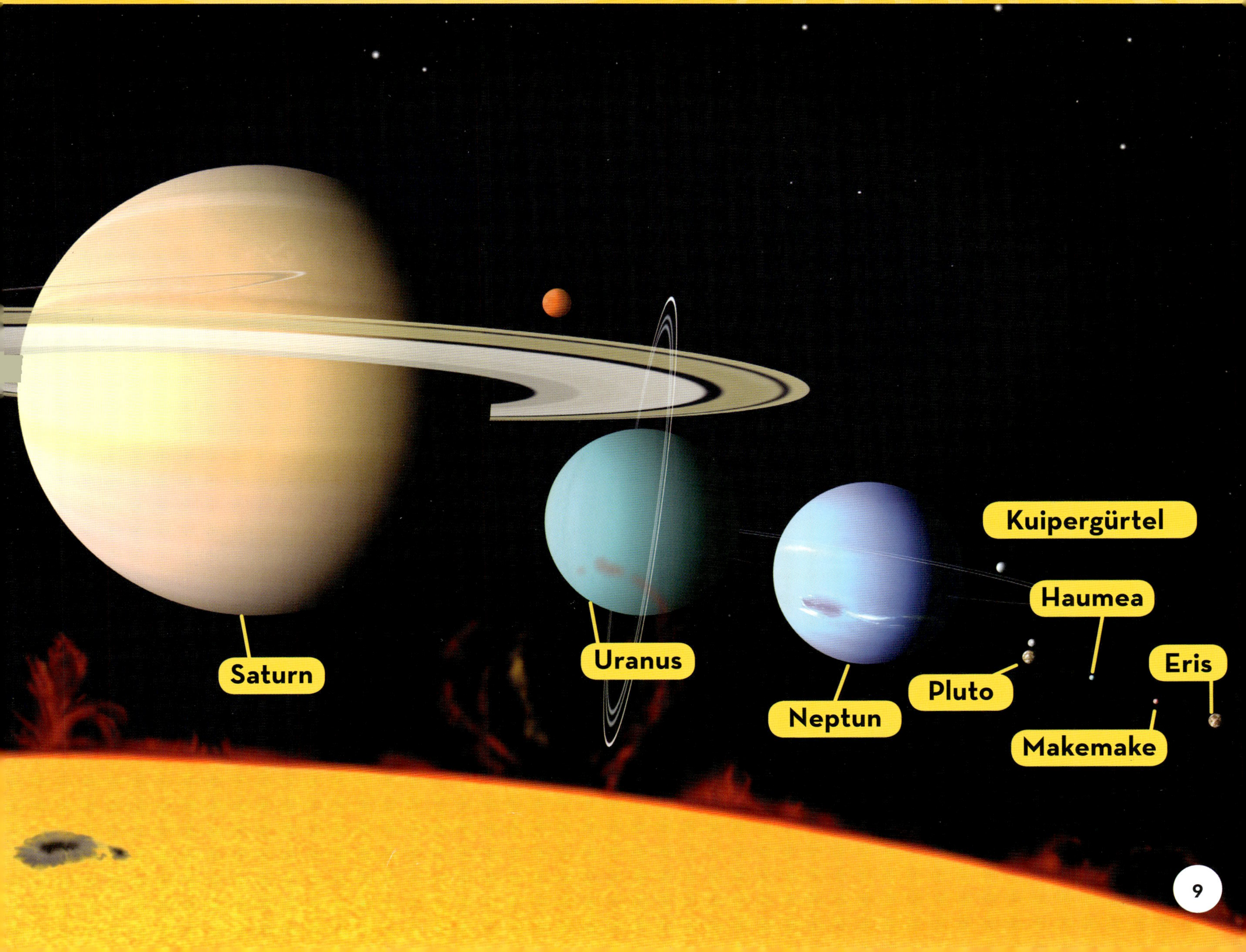

ERSTES KAPITEL

Die Sonne geht unter, während der Mond auf der Erde aufgeht.

BEOBACHTUNGEN AM HIMMEL

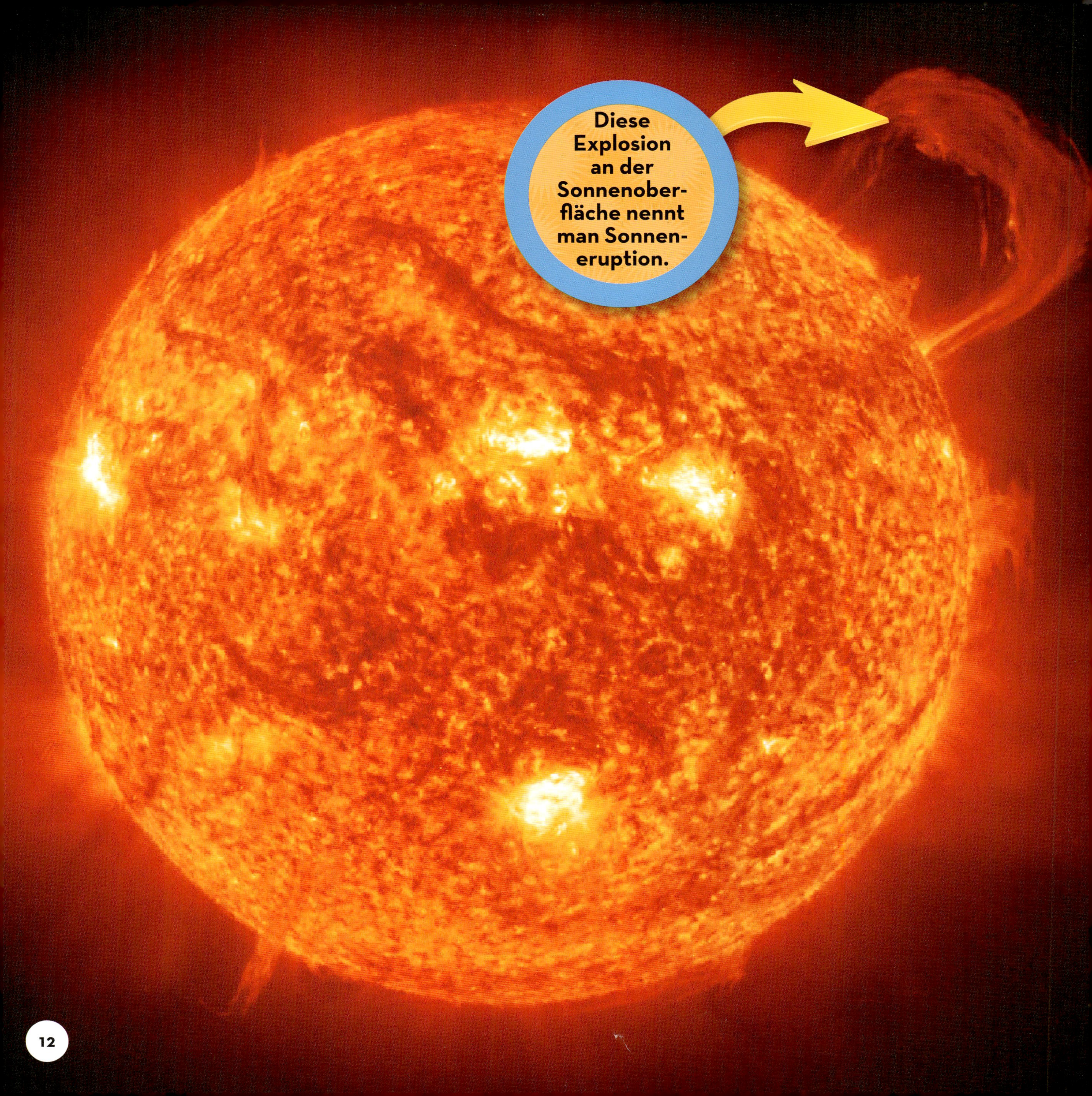
Diese Explosion an der Sonnenoberfläche nennt man Sonneneruption.

SONNE

Die Sonne ist ein Stern. Sie ist der Stern, der unserem Planeten Erde, auf dem wir leben, am nächsten ist. Die Sonne ist extrem heiß. Ihre Hitze und ihr Licht machen das Leben auf der Erde für Pflanzen, Tiere und auch für Dich erst möglich.

Die Sonne, die Planeten, die Monde und Gesteinsbrocken im Weltraum gehören zu unserem Sonnensystem. Die Sonne befindet sich im Zentrum des Sonnensystems.

DIE SONNE ist ungefähr **150 MILLIONEN KILOMETER** von der **ERDE** entfernt.

Könntest Du die Sonne mit dem **AUTO** erreichen, müsstest Du **ÜBER 170 JAHRE** fahren.

Die Erde kreist um die Sonne auf einer großen Umlaufbahn, Orbit genannt. Sie braucht ein ganzes Jahr für einen vollständigen Kreis. Ein Jahr auf der Erde ist die Zeit, in der die Erde einmal die Sonne umkreist.

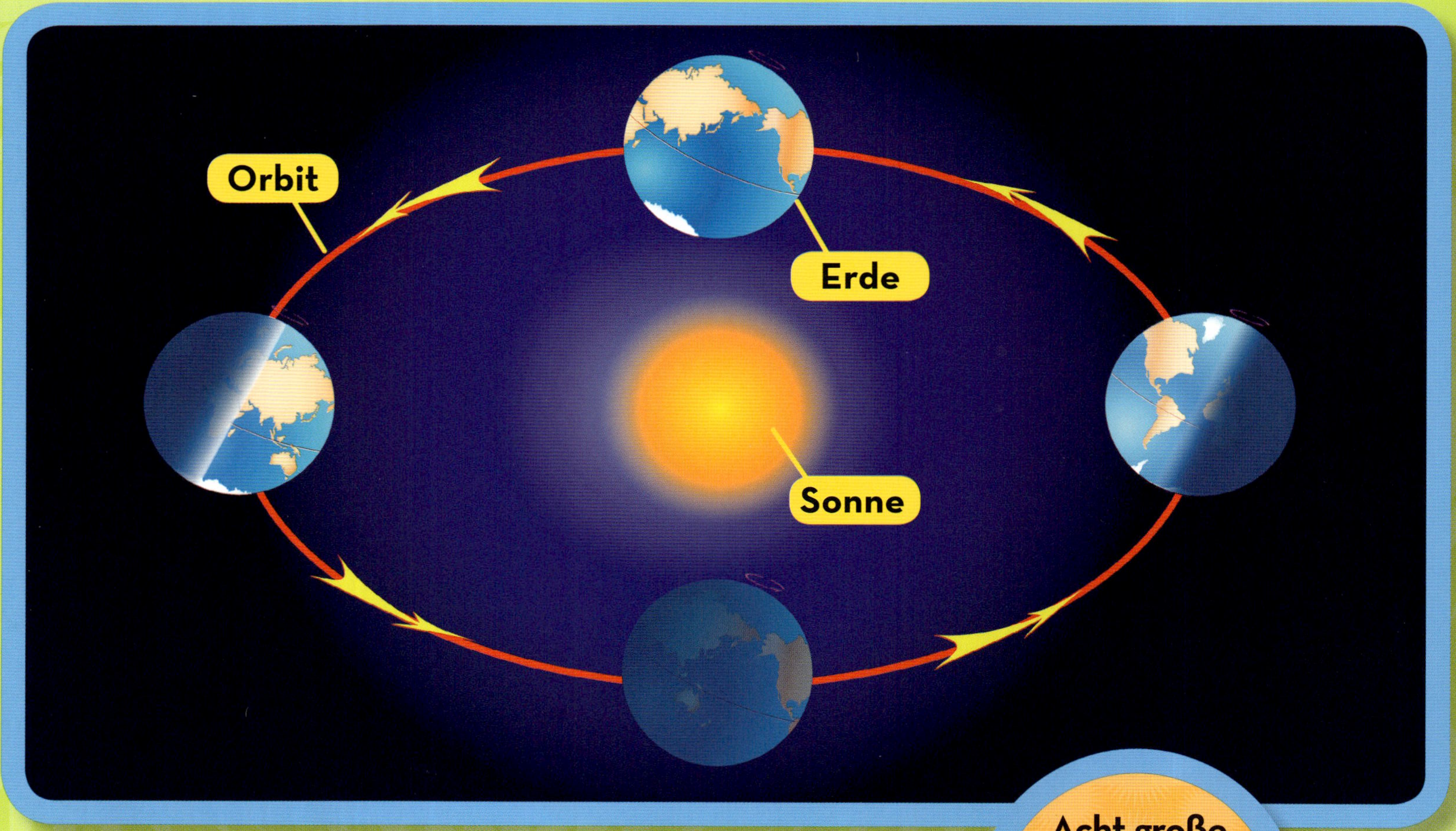

Acht große **PLANETEN** kreisen um die Sonne, auch die **ERDE.**

Wie oft bist Du schon um die Sonne gekreist?
(KLEINER TIPP: Wie alt bist Du?)

Die Sonne ist **RIESIG.** In ihr hätten über **EINE MILLIONEN** Erden Platz.

Im Laufe des Tages ändert sich die Position der Sonne. Morgens geht die Sonne auf: Es ist Sonnenaufgang und das Dunkel der Nacht weicht dem Tageslicht.

Du siehst die Sonne immer im **OSTEN AUFGEHEN.**

Zur Mittagszeit hat die Sonne ihren höchsten Stand am Himmel erreicht.

Nicht direkt in die Sonne schauen: Sie **STRAHLT** so stark, dass sie Deinen Augen schadet.

Am späten Nachmittag wird der Stand der Sonne am Himmel wieder niedriger. Bald ist Sonnenuntergang und sie verschwindet aus unserem Blickfeld. Dann wird es wieder Nacht.

Die Sonne **GEHT** immer im **WESTEN UNTER.**

Der größte Teil der **ERDE** ist von **OZEANEN** überdeckt. Blaue Bereiche sind Wasser.

Die **ERDE** ist der **FÜNFT-GRÖSSTE PLANET** im Sonnensystem.

ERDE

Ein Planet ist ein großer, kugeliger Himmelskörper, der um einen Stern kreist.

Du lebst auf der Erde. Die Sonne ist Dein Stern. Die Erde ist immer in Bewegung. Sie kreist um die Sonne und dreht sich wie ein Kreisel auch um sich selbst.

Die **ERDE** ist der **DRITTE PLANET** im Orbit um die **SONNE.**

Die **ERDE** dreht sich mit **1700** Kilometer pro Stunde um sich selbst.

Wenn Du Dich schnell um Dich selbst drehst, wird Dir vielleicht schwindelig, aber die Drehung der Erde kannst Du nicht spüren.

Tagsüber ist es hell und Du kannst die Sonne sehen.
Weil unser Planet sich um sich selbst dreht, befindest Du Dich, wenn es dunkel wird, an einem von der Sonne abgewandten Ort auf der Erde.

Aber weil die Erde sich weiterdreht, kannst Du die Sonne schon bald wieder sehen. Die Erde benötigt einen Tag und eine Nacht, also 24 Stunden, für eine ganze Umdrehung um sich selbst.

Wenn es für Dich **SOMMER** ist, dann ist der Erdteil, auf dem Du lebst, der **SONNE ZUGEWANDT.**

Wenn es für Dich **WINTER** ist, dann ist der Erdteil, auf dem Du lebst, von der **SONNE ABGEWANDT.**

Eine starke, unsichtbare Kraft, die sogenannte Schwerkraft, zieht alles zum Erdmittelpunkt hin. Die Schwerkraft verhindert, dass Du und alles um Dich herum in den Himmel schweben.

Wenn Du **HOCH SPRINGST, ZIEHT** Dich die **SCHWERKRAFT** wieder **NACH UNTEN.**

Kannst Du 5 Mal hintereinander hoch springen und zeigen, dass die Schwerkraft immer funktioniert?

Die Erde ist ein besonderer Planet. Sie ist der einzige uns bekannte Ort, auf dem sich Leben befindet: Pflanzen, Tiere, natürlich auch die Menschen.

Der **JAGUAR** ist nur eines von vielen Tieren, die auf dem **PLANETEN ERDE LEBEN.**

Der **MOND** benötigt ungefähr **27 TAGE**, um die **ERDE ZU UMKREISEN.**

MOND

Den Mond kannst Du oft in der Nacht am Himmel beobachten. Der Mond umkreist die Erde, so wie die Erde um die Sonne kreist.

DATEN

GRÖSSE

POSITION
Im Orbit um die Erde.

ENTFERNUNG
Ein Raumfahrzeug benötigt drei Tage, um ihn zu erreichen.

Der Mond ist felsig und kalt. Es scheint, als würde er strahlen, aber in Wirklichkeit ist er ein dunkler Ort. Er scheint nur dann zu leuchten, wenn er das Licht der Sonnenstrahlen reflektiert, die auf seine Oberfläche treffen.

Du kannst sehen, dass sich die Form des Mondes ändert. Diese Veränderungen nennt man Mondphasen. Es gibt unterschiedliche Phasen, weil der Mond um die Erde kreist.

Der **MOND** ist der **NÄCHSTE NACHBAR DER ERDE.**

Manchmal erinnert der Mond an eine Banane.

Ein andermal sieht er aus wie ein Halbkreis.

Manchmal sieht der Mond aus wie ein fast perfekter Kreis.

Ein andermal gleicht er einem leuchtenden Ball.

Es schaut **IMMER DASSELBE MOND-GESICHT** zur **ERDE.**

Welche Mondphase magst Du am liebsten?

Im Weltraum hat der Mensch seinen Fuß bisher nur auf den Mond gesetzt. Lange vor Deiner Geburt waren Astronauten, Menschen, die in den Weltraum reisen, auf dem Mond.

Eine **MONDLANDEFÄHRE** hat die Astronauten auf die Mondoberfläche gebracht. Gestartet ist sie vom Raumschiff in der Umlaufbahn des Mondes.

Die Astronauten sind sechs Mal auf dem Mond gelandet. Wo genau kannst Du auf dem Bild oben sehen.

Die Erde ist von einer Luftschicht, der sogenannten Atmosphäre, umgeben. Der Mond hat keine Atmosphäre. Auf dem Mond muss ein Astronaut einen Weltraumanzug tragen. Dieser hat einen Luftvorrat und hält ihn warm.

Einige Astronauten, die auf dem Mond waren, haben dieses **MONDFAHRZEUG**, das Lunar Roving Vehicle, gefahren.

Meteor
Mond
Ein helles, glühendes Stück eines Weltraumfelsens auf dem Weg zur Erde, eine sogenannte **STERNSCHNUPPE.**
Erde

METEORE UND METEORITEN

Im Weltraum schweben viele Felsbruchstücke. Manchmal durchdringen einige die Erdatmosphäre und fliegen auf unseren Planeten zu: Diese Bruchstücke nennt man Meteoriten.

Normalerweise verglüht ein Meteorid, bevor er die Erdoberfläche erreicht, manchmal trifft er aber auch auf die Erde auf, in diesem Fall nennt man ihn Meteorit.

Die meisten Meteoriten sind so **KLEIN,** dass man sie **IN EINER HAND** halten kann.

Hast Du Lust, Meteore im Nachthimmel zu suchen?

ZWEITES KAPITEL

Die Erde hat viele andere Planeten als Nachbarn.

DIE ERDNACHBARN

Saturn
Neptun
Uranus
Jupiter
Sonne
Mars
Erde
Venus
Merkur

ERDÄHNLICHE PLANETEN UND GASPLANETEN

Damit ein Himmelskörper Planet genannt wird, muss er eine rundliche Form haben und um einen Stern kreisen. Kein anderer Körper darf die gleiche Umlaufbahn haben. Es gibt acht große Planeten, die um die Sonne kreisen. Die vier Planeten, die der Sonne am nächsten sind, werden erdähnliche Planeten genannt.

Manche Dinge sind **FEST** wie ein **FELS.**

Andere bestehen aus **GAS** wie die **LUFT,** die Du atmest.

Wieder andere sind **FLÜSSIG** wie **WASSER.**

Die vier der Sonne ferneren Planeten sind große Gasbälle. Sie haben keine feste Oberfläche.

Erinnerst Du Dich noch an alle acht großen Planeten auf Seite 34?

Merkur **HAT KEINEN** Mond.
MERKUR kann man von der **ERDE** aus schwer erkennen, weil er sehr dicht an der **SONNE** ist.

MERKUR

Der Planet Merkur ist der Sonne am nächsten. Er ist der kleinste der acht großen Planeten. Er kreist schneller um die Sonne als jeder andere Planet. Ein Jahr auf der Erde ist die Zeit, die diese zum Umkreisen der Sonne benötigt: 365 Tage. Auf dem Merkur dauert ein Jahr nur 88 Tage.

DATEN

GRÖSSE

NAME
Merkur

POSITION
Er ist der erste Planet im Orbit um die Sonne.

ENTFERNUNG
Ein Raumfahrzeug benötigt ungefähr fünf Monate, um ihn zu erreichen.

MERKUR ist ETWAS GRÖSSER als der MOND DER ERDE.

Am Tage wird der Merkur sehr heiß. In der Nacht wird er dagegen sehr kalt.

Die Wissenschaftler der NASA haben eine Raumsonde zu Merkur geschickt, die MESSENGER. Die NASA ist die Weltraumorganisation der Vereinigten Staaten von Amerika.

Die **MESSENGER** hat 7, 9 Milliarden Kilometer hinter sich gebracht, bevor sie in den **ORBIT** um den Merkur eingedrungen ist.

Eine **SONNEN-ABSCHIRMUNG SCHÜTZT** die **MESSENGER** vor der Hitze während sie sich im Orbit um den Merkur befindet.

Das ist ein **KRATER,** eine **GROSSE VERTIEFUNG** oder **SENKE** in der Oberfläche eines Planeten oder eines Mondes.

Dieses **FOTO** hat die **MESSENGER** von der **OBERFLÄCHE DES MERKUR** aufgenommen.

Im März 2011 war die MESSENGER die erste Raumsonde im Orbit um den Merkur. Die MESSENGER hat die Fotos vom Merkur an die Wissenschaftler auf der Erde gesendet.

Wie alt warst Du, als die MESSENGER in die Umlaufbahn des Merkurs eingetreten ist?

MERKUR und **VENUS** sind die einzigen großen Planeten unseres Sonnensystems **OHNE MONDE.**

VENUS ist der **ERDE** am **NÄCHSTEN.**

VENUS

Venus ist der wärmste Planet in unserem Sonnensystem. Sie hat eine Atmosphäre aus dichten Wolken, die sie wie eine Decke warmhalten.

Die Sonnenstrahlen reflektieren sich auf den Wolken der Venus, dadurch erscheint der Planet hell leuchtend. Nur der Mond scheint noch heller am Nachthimmel der Erde.

DATEN

GRÖSSE

NAME
Venus

POSITION
Sie ist der zweite Planet im Orbit um die Sonne.

ENTFERNUNG
Ein Raumfahrzeug benötigt ungefähr vier Monate, um sie zu erreichen.

Kannst Du Venus am Himmel erkennen?
KLEINER TIPP: Scheint der hellste Stern am Himmel zu sein, ist aber ein Planet, kein Stern.

MAGELLAN wurde von einer Raumfähre, einem **SHUTTLE**, in den Weltraum transportiert.

Die Raumsonde MAGELLAN wurde in den Orbit um die Venus geschickt. Sie konnte ihre dicken Wolken durchqueren und hat Fotos von der Oberfläche gemacht.

Ein Tag auf der **VENUS** ist länger als ein Tag auf der Erde, weil Venus **LANGSAMER UM SICH SELBST DREHT.**

MAGELLAN zeigte eine großteils von Lava bedeckte Venus.

Dieser **VULKAN** auf der Venus heißt **MAAT MONS.**

DIE ERDE dreht sich **GEGEN DEN UHRZEIGERSINN, VENUS IM UHRZEIGERSINN,** also rechtsrum.

VENUS dreht sich in **ENTGEGENGESETZTER RICHTUNG** im Vergleich zur **ERDE.**

Die riesigen **VULKANE** auf dem Mars könnten **DIE GRÖSSTEN** im **SONNEN-SYSTEM** sein.

Ein Tag auf dem Mars **DAUERT UNGEFÄHR GLEICH LANG** wie ein Tag auf der Erde.

MARS

Der Mars ähnelt der Erde mehr als jeder andere Planet unseres Sonnensystems.

Die Wissenschaftler glauben, dass es vor langer Zeit Wasser auf dem Mars gegeben hat. Sie wollen herauszufinden, wo sich das Wasser jetzt befindet. Es könnte unter der Oberfläche vereist sein.

DATEN

GRÖSSE

NAME
Mars

POSITION
Er ist der vierte Planet im Orbit um die Sonne

ENTFERNUNG
Ein Raumfahrzeug benötigt ungefähr acht Monate, um ihn zu erreichen.

Der Mars erscheint uns rötlich, weil er viel **EISEN** im **GESTEIN** seiner Oberfläche enthält. **EISEN** ist ein **METALL, DAS ROSTET** und sich dabei rot verfärbt.

Der Mars hat zwei sehr kleine Monde, die wie Kartoffeln aussehen. Diese Monde heißen Fobos und Deimos.

Stell Dir vor, Du stehst auf Fobos. Wenn Du nach oben blickst, bedeckt Mars den größten Teil des Himmels. Der Grund dafür ist, dass Mars sehr nah an seinem Mond ist.

Jetzt stell Dir vor, Du stehst auf dem Mond, dem Satelliten der Erde. Wenn Du dort nach oben blickst, sieht die Erde für Dich recht klein am Himmel aus, weil sie sehr weit vom Mond entfernt ist.

Viele Raumschiffe wurden zum Mars geschickt, um die notwendige Forschungsausrüstung auf den Planeten zu transportieren. Die Roboter, genannt Rover, fahren auf der Oberfläche; sie analysieren das Gestein.

Der Rover **SOJOURNER** war das **ERSTE FAHRZEUG** mit **RÄDERN** bei der **ERFOSCHUNG** eines anderen Planeten.

Der Rover **SPIRIT** hat dieses Foto **AUF DEM MARS** gemacht.

Die Rover SPIRIT und OPPORTUNITY sind im Januar 2004 auf gegenüberliegenden Seiten des Mars gelandet. SPIRIT hat 2010 den Geist aufgegeben, OPPORTUNITY ist noch funktionstüchtig und sendet weiter Informationen zur Erde.

Sind SPIRIT und OPPORTUNITY vor oder nach Deiner Geburt auf dem Mars gelandet?

CURIOSITY wurde 2011 von der **ERDE GESTARTET**, er landete 2012 auf dem Mars. Zu seinen Aufgaben gehörten das **SAMMELN** und Analysieren von **GESTEIN** auf dem **MARS.**

JUPITER sieht gestreift aus, denn er kreiselt so schnell, dass sich seine **ATMOSPHÄRE** aus Wolken wie **GÜRTEL UM DEN PLANETEN** zerteilt.
Der **GROSSE ROTE FLECK** ist drei Mal so groß wie die Erde.

JUPITER

Jupiter ist der größte Planet in unserem Sonnensystem. Er ist so groß, dass er alle anderen Planeten des Sonnensystems in sich aufnehmen könnte.

DATEN

GRÖSSE

NAME
Jupiter

POSITION
Er ist der fünfte Planet im Orbit um die Sonne

ENTFERNUNG
Ein Raumfahrzeug benötigt ungefähr 13 Monate, um ihn zu erreichen.

JUPITER braucht 12 **ERDJAHRE** für eine **UMLAUFBAHN** um die **SONNE.**

Auf Jupiter wütet ein Riesensturm, er wird GROSSER ROTER FLECK genannt. Dieses Unwetter gleicht einem immensen Wirbelsturm und treibt sein Unwesen seit Hunderten von Jahren!

Wie viele Stürme hast Du in Deiner Gegend schon erlebt?

Die Erde hat einen Mond, der Mars hat zwei. Jupiter hat mindestens 63 Monde! Die vier größten Monde sind Europa, Kallisto, Io und Ganymed.

Auf **EUROPA** ist vielleicht ein **VEREISTER OZEAN.**

Mond **KALLISTO** und Planet **MERKUR** sind **GLEICH-GROSS.**

Mond **IO** ist mit **AKTIVEN** Vulkanen übersät.

Die Wissenschaftler interessieren sich sehr für Europa. Sie glauben, unter der vereisten Oberfläche könnte es Gewässer geben.

GANYMED ist der **GRÖSSTE MOND** im Sonnensystem.

GALILEO HAT Tausende **FOTOS** von Jupiter **GESENDET.**

Die Raumsonde GALILEO hat eine kleinere Sonde transportiert, die sie in der Atmosphäre des Jupiters abgesetzt hat. Dort hat diese ungefähr eine Stunde lang die Temperatur gemessen und andere Daten analysiert, bevor sie von der immensen Hitze zerstört wurde.

JUNO hat **JUPITER** 2016 erreicht.

Die Raumsonde JUNO hat viele Instrumente an Bord, die Informationen an die Wissenschaftler auf der Erde senden. Sie hat als erste Sonde die dicke Wolkenschicht um den Jupiter durchbrochen.

SATURN
hat
Tausende
Ringe.

SATURN

Schau Dir die schillernden Ringe um Saturn an: Es sind die größten und hellsten im Sonnensystem!

Die Ringe bestehen aus Milliarden vereister Felsfragmente. Einige sind winzig klein wie Staubkörner, andere sind so groß wie ein Berg.

DATEN

GRÖSSE

NAME
Saturn

POSITION
Er ist der sechste Planet im Orbit um die Sonne.

ENTFERNUNG
Ein Raumfahrzeug benötigt vier Jahre, um ihn zu erreichen.

SONNENLICHT REFLEKTIERT AUF DEM EIS der Saturnringe und lassen ihn **STRAHLEN.**

SATURN hat mindestens **53 MONDE.** Dies sind nur einige.

Titan ist der größte Saturnmond. Das Wort „Titan“ bedeutet Riese. Titan ist größer als der Planet Merkur.

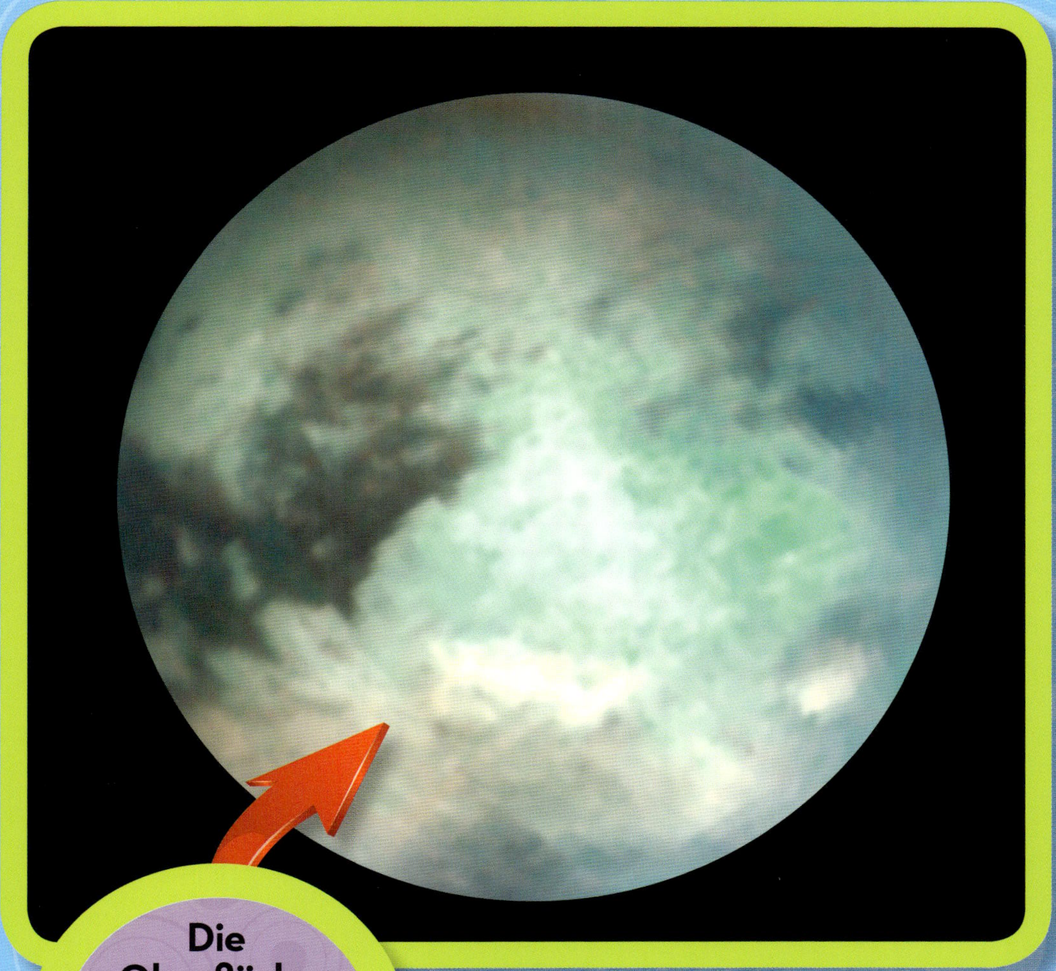

Die Oberfläche von **TITAN** ist **VEREIST.**

Saturn hat auch viele kleine Monde. Ein Spaziergang auf einem der kleineren Monde ist ungefähr so, als würdest Du in der Stadt um fünf Häuserblocks laufen.

Welchen Namen würdest Du einem Mond geben?

2004 erreichte die Raumsonde CASSINI den Saturn. Sie war die erste Sonde, die den Saturn umkreiste. September 2017 ist sie mit dem Planeten verschmolzen.

Wenn eine Raumsonde **SICH EINEM PLANETEN ODER EINEM MOND NÄHERT**, ohne **IN DEN ORBIT EINZUTRETEN** führt sie einen **TIEFFLUG** aus.

Ein **ORBITER** ist eine Sonde, die im Orbit **EINES PLANETEN ODER MONDES** verbleibt.

An Bord der Muttersonde CASSINI befand sich der Lander HUYGENS. Er wurde mit einem Fallschirm auf Titan geschickt, damit er sanft auf der Oberfläche landet.

Ein **LANDER** ist eine Landefähre, die auf einem **MOND ODER PLANETEN** landet.

Uranus benötigt **84 JAHRE**, um einmal auf der Umlaufbahn um die Sonne zu kreisen.

URANUS dreht sich **IM UHRZEIGERSINN**, also andersherum als die Erde.

URANUS

Uranus ist auf eine Seite geneigt. Die Wissenschaftler glauben, dass vor langer Zeit ein riesiger Himmelskörper gegen Uranus geprallt ist und ihn dabei umgekippt hat.

Vergleiche die Bilder von Saturn und Uranus. Erkennst Du die umgekippte Lage von Uranus?

DATEN

GRÖSSE

NAME
URANUS

POSITION
Er ist der siebte Planet im Orbit um die Sonne.

ENTFERNUNG
Ein Raumfahrzeug benötigt über acht Jahre, um ihn zu erreichen.

Saturn

Uranus

Der eisige Uranus ist der kälteste der acht Planeten.

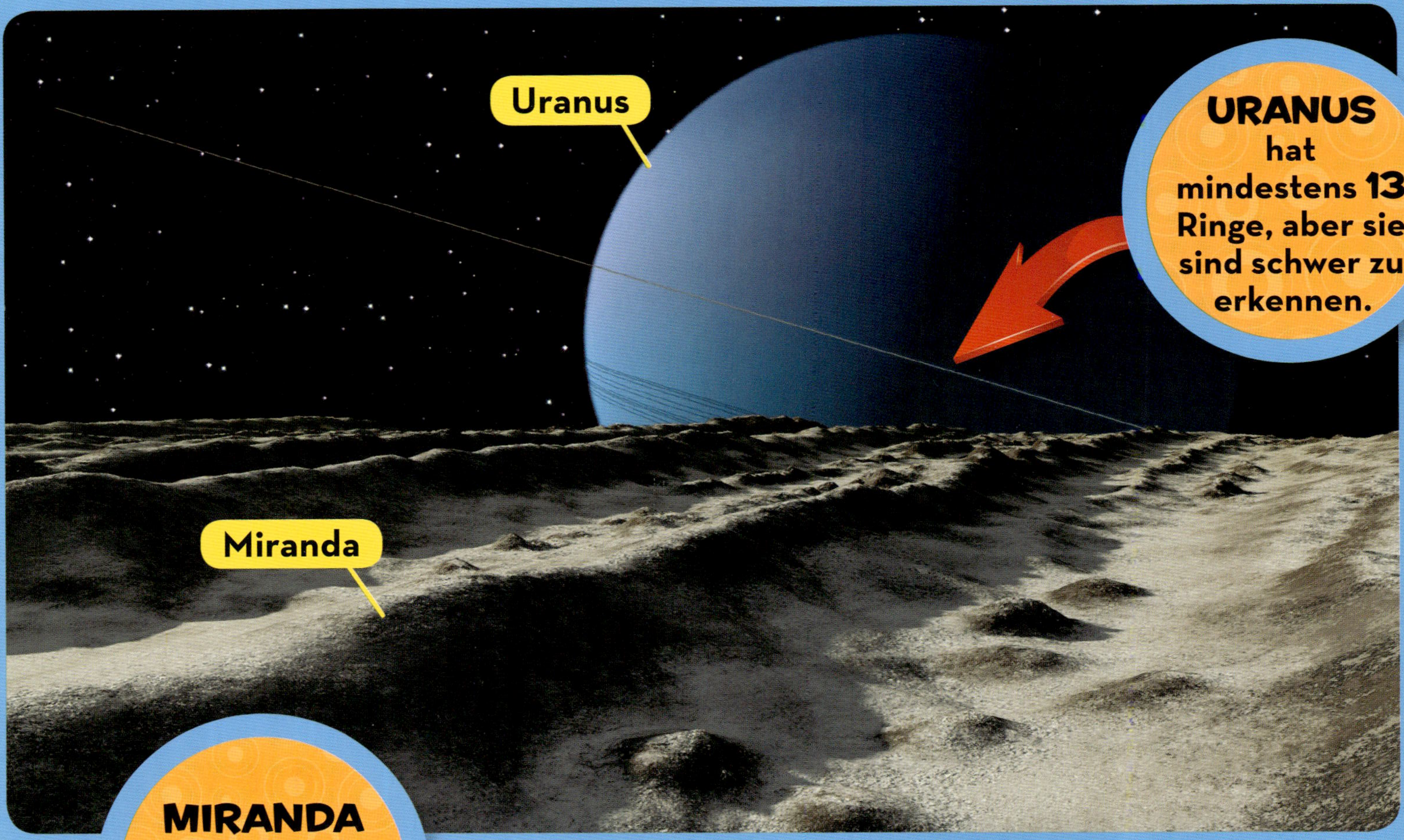

URANUS hat mindestens **13** Ringe, aber sie sind schwer zu erkennen.

MIRANDA heißt einer der **MONDE**, die um Uranus kreisen.

Niemand weiß genau, wie viele Monde Uranus umkreisen, aber es sind mindestens 27. Vermutlich haben die Astronomen noch nicht alle entdeckt.

Kannst Du bis 27 zählen?

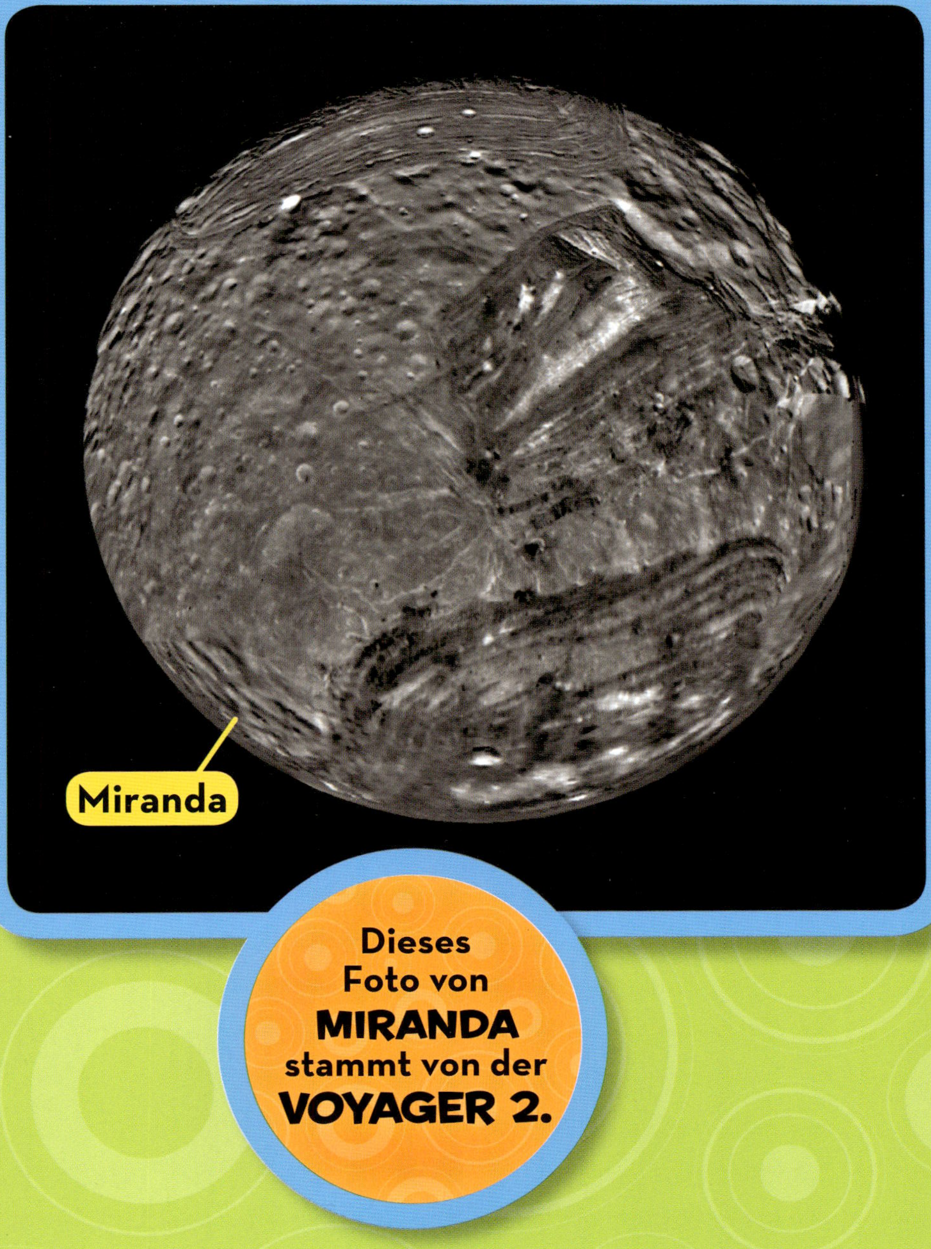

Die Raumsonde VOYAGER 2 ist die einzige, die sich Neptun genähert hat, wenn auch nur für fünfeinhalb Stunden, bevor sie sich in den Weltraum entfernte.

Dieses Foto von **MIRANDA** stammt von der **VOYAGER 2.**

MIRANDA hat eine sehr merkwürdige **OBERFLÄCHE** mit Furchen, die 12 Mal tiefer sind als der Grand Canyon.

NEPTUN ist wie Jupiter ein **GAS-PLANET.**

NEPTUN

Neptun ist weiter von der Sonne entfernt als jeder andere große Planet. Das Klima auf diesem Planeten ist schrecklich. Die Winde fegen mit über 1600 Kilometer pro Stunde über ihn hinweg.

DATEN

GRÖSSE

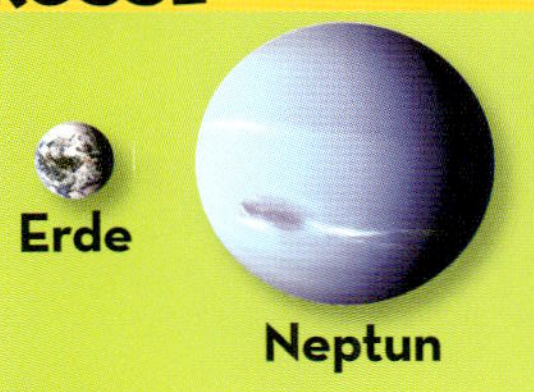

NAME
Neptun

POSITION
Er ist der achte Planet im Orbit um die Sonne.

ENTFERNUNG
Ein Raumfahrzeug benötigt über 12 Jahre, um ihn zu erreichen.

Neptun benötigt **165 JAHRE** für eine **UMLAUFBAHN UM DIE SONNE.**

Erinnerst Du Dich an den Großen Roten Fleck auf Jupiter? Auch auf Neptun wütet ein ähnlicher Sturm, genannt Großer Dunkler Fleck. Auf Neptun gibt es viele Stürme, die einer auf den anderen folgen.

Triton ist der größte Mond von Neptun. Er ist einer der kältesten Orte im Sonnensystem.

NEPTUN ist **SEHR WEIT WEG,** ohne Teleskop kann man ihn **VON DER ERDE AUS NICHT SEHEN.**

Auf Triton kommt es zu Eruptionen ähnlich wie bei Vulkanausbrüchen. Gas und Staub schießen nach oben, vereisen und fallen wie Schnee wieder herunter.

Nachdem sich VOYAGER 2 dem Uranus genähert hat, flog sie weiter zu Neptun. Dort hat sie zu den bereits sieben bekannten Monden noch sechs weitere ausgemacht.

PROTEUS ist der **ZWEITE** große **MOND** von Neptun. **NEREID** ist der **DRITT-GRÖSSTE.**

Nach der Annäherung der **VOYAGER 2** an Neptun im Jahre 1989 hat sie ihre Reise **IM WELTRAUM** fortgesetzt.

Wenn Du eine Sonde zum Fotografieren in den Weltraum schicken könntest, wo würdest Du sie hinschicken?

DRITTES KAPITEL

Im Weltraum schweben Asteroiden und andere Himmelskörper.

WEITERE ERDNACHBARN

WAS passieren kann, wenn zwei ASTEROIDEN AUFEINANDERPRALLEN.

ASTEROIDEN-GÜRTEL

Ein Ring aus Felsbrocken kreist zwischen Mars und Jupiter um die Sonne. Diese Felsen sind Asteroiden, die sich zu Tausenden um die Sonne bewegen. Der Ring, den sie dabei bilden, nennt man Asteroidengürtel.

Der **ASTEROIDEN-GÜRTEL** trennt im Weltraum die **ERDÄHNLICHEN PLANETEN** von den **GAS-PLANETEN.**

Die Asteroiden sind Fragmente, Bruchstücke von Gestein und Metall im Weltraum, die nie zu einem Planeten oder Mond wurden.

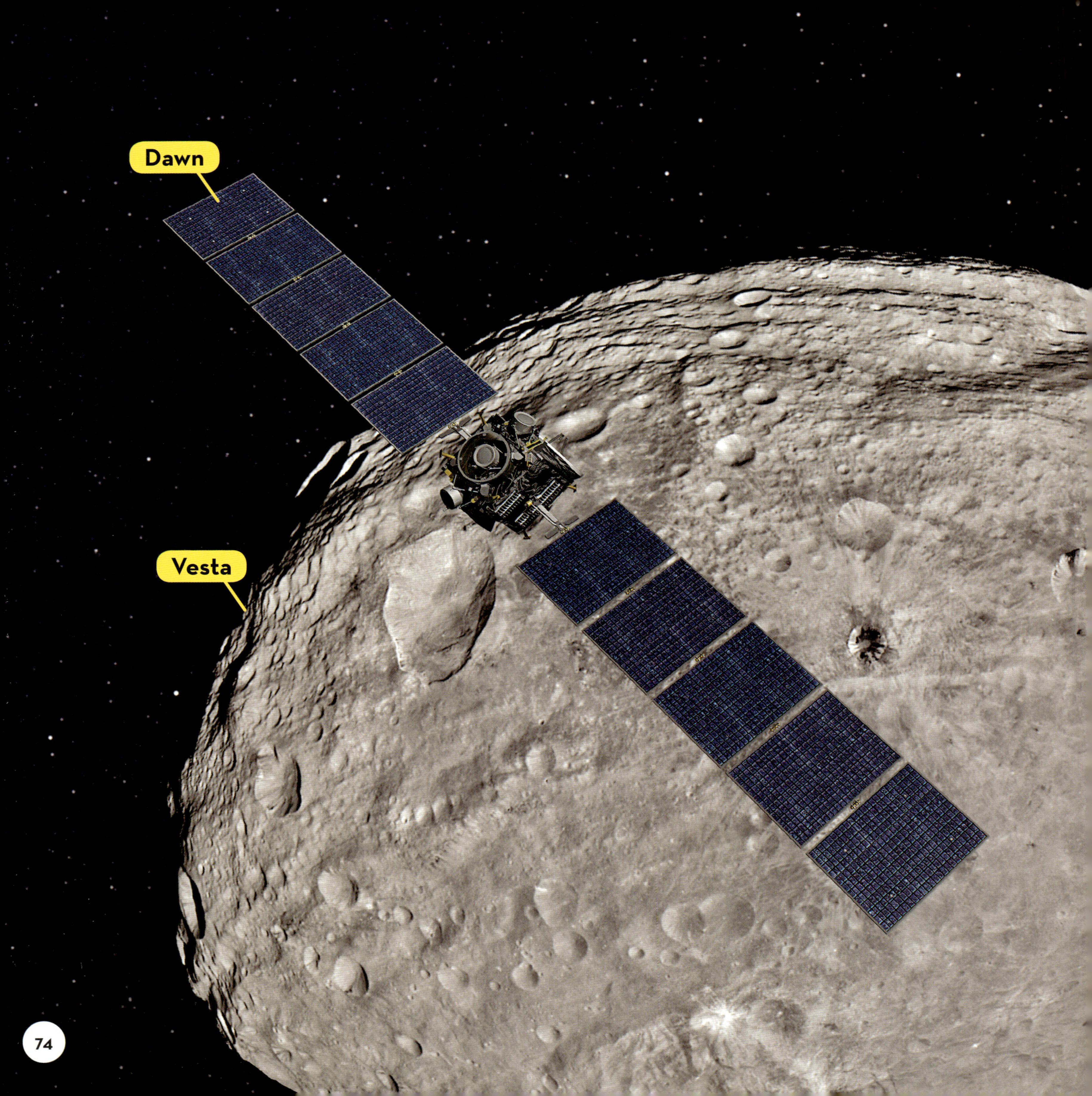
Dawn
Vesta

ASTEROIDEN AUS DER NÄHE BETRACHTET

Die meisten Asteroiden sind klein. Einige haben einen Umfang von ungefähr 1,5 Kilometer, andere dagegen von 800 Kilometern.

Die Wissenschaftler der NASA haben die Raumsonde DAWN auf den Asteroiden Vesta geschickt.

Blätter um, dann erfährst Du, wo DAWN anschließend hinflog.

Der **ASTEROID IDA** hat alle Wissenschaftler in Staunen versetzt, denn er hat einen **MOND**, den **DATTILO**.

Welchen Namen würdest Du einer Raumsonde geben?

Unter den **ZWERG-PLANETEN** ist **CERES** der Sonne am nächsten. Er befindet sich im **ASTEROIDEN-GÜRTEL.**

CERES

„Zwerg“ bedeutet klein. Die Zwergplaneten im Sonnensystem sind kleiner als die acht großen Planeten. Ceres ist einer der fünf Zwergplaneten.
Die Raumsonde DAWN, von der ihr schon auf Seite 75 gelesen habt, flog weiter zu Ceres. Sie näherte sich Ceres im Jahr 2015. Mit Hilfe der Sonde konnten die Wissenschaftler weitere Erkenntnisse über die Asteroiden und Zwergplaneten gewinnen.

DATEN

GRÖSSE

NAME
Ceres

POSITION
Im Asteroidengürtel.

ENTFERNUNG
Ein Raumfahrzeug benötigt ungefähr ein Jahr, um ihn zu erreichen.

DAWN ist so groß wie ein **LASTWAGEN MIT 18 RÄDERN.**

Wenn man die großen Planeten und die Zwergplaneten zusammenzählt, wie viele Planeten sind das? KLEINER TIPP: 8 + 5 = ?

PLUTO benötigt 248 JAHRE, um die SONNE ZU UMKREISEN.
Charon
Pluto

PLUTO

Weit hinter dem Asteroidengürtel und Ceres, hinter Neptun, existiert ein weiterer Gürtel von Himmelskörpern, der Kuipergürtel. Dort befindet sich der Zwergplanet Pluto.

Pluto galt einst als Planet. Als Deine Eltern noch zur Schule gingen, haben sie vermutlich gelernt, dass es *neun* große Planeten gibt, einschließlich Pluto.

Inzwischen haben die Wissenschaftler jedoch entschieden, dass er viel zu klein ist. Heute gilt Pluto als Zwergplanet und somit gibt es *acht* große Planeten im Sonnensystem.

DATEN

GRÖSSE

NAME
Pluto

POSITION
Im Kuipergürtel.

ENTFERNUNG
Ein Raumfahrzeug benötigt über neun Jahre, um ihn zu erreichen.

PLUTO DREHT SICH GEGENLÄUFIG zur Erde, wie Uranus und Venus.

Der Mond Charon ist ungefähr halb so groß wie Pluto, ein wirklich großer Mond! Pluto hat noch drei kleinere Monde.

Charon zeigt Pluto immer dieselbe Seite, denn er umkreist den Planeten so wieder der Mond um die Erde kreist.

Wärst Du auf Charon, würde Dir PLUTO so RIESIG erscheinen.

2006 haben die Vereinigten Staaten die Raumsonde NEW HORIZONS zu Pluto geschickt.

Ein **11-JÄHRIGES** Mädchen **SCHLUG** den Namen **PLUTO VOR.**

NEW HORIZONS hat den Zwergplaneten im Juli 2015 erreicht, im gleichen Jahr, in dem die Raumsonde DAWN Ceres erreicht hat. Ein bedeutendes Jahr im Weltraum!

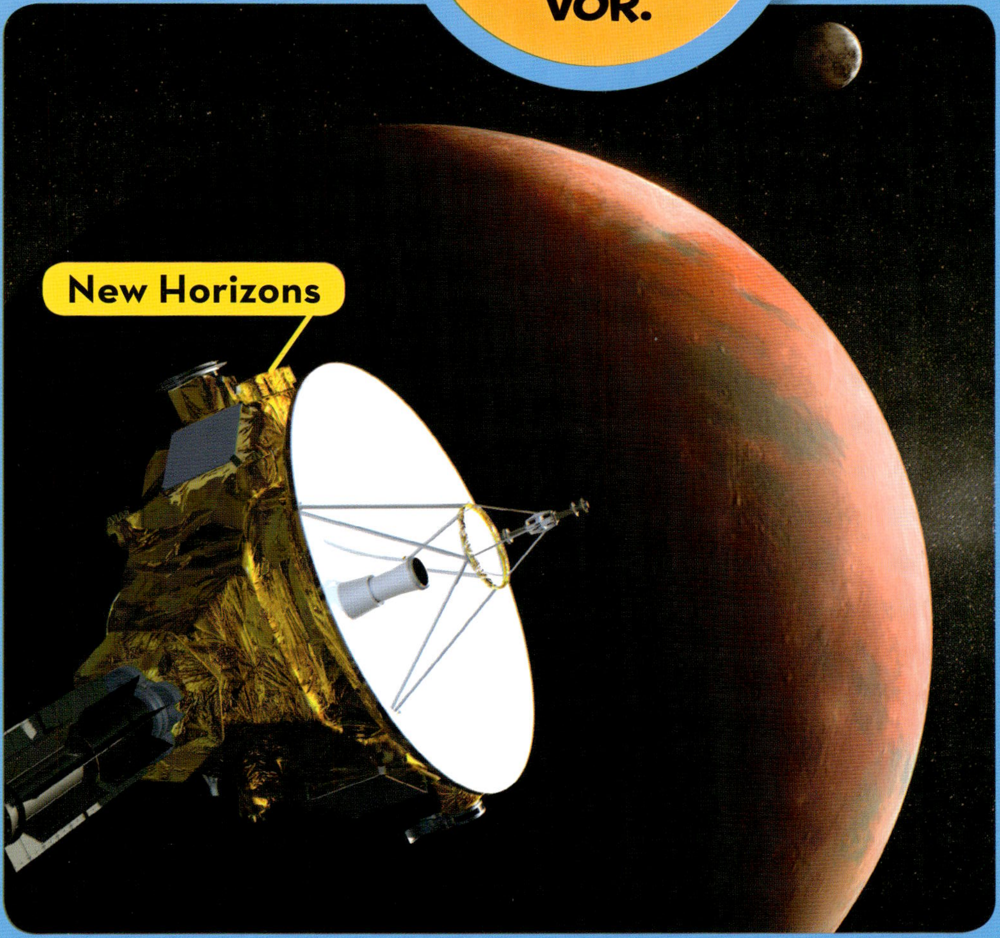

Weißt Du die Namen von zwei Zwergplaneten?

HAUMEA ist ein seltsam aussehender ZWERGPLANET. SEINE FORM erinnert an eine KARTOFFEL.
Namaka
Hi’iaka

HAUMEA, ERIS UND MAKEMAKE

Haumea, Eris und Makemake sind drei weitere Zwergplaneten im Kuipergürtel. Die Wissenschaftler glauben, dass vor langer Zeit etwas gegen Haumea geprallt ist.

DATEN

GRÖSSE

NAME
HAUMEA; ERIS; MAKEMAKE

POSITION
Im Kuipergürtel.

Eris

ERIS ist der **GRÖSSTE** der **ZWERG-PLANETEN.**

Dieser Aufprall könnte Fragmente von Haumea im Weltraum verteilt haben, die dann zu den Monden Namaka und Hi'iaka wurden.

MAKEMAKE kreist in **310 JAHREN** einmal um die **SONNE.**

Makemake

Kannst Du die Namen der 5 Zwergplaneten auswendig aufsagen?

Im **KUIPER-GÜRTEL** gibt es **MILLIARDEN KOMETEN.**

KOMETEN

KOMETEN, die **GANZ DICHT** an der Sonne vorbeiziehen, nennt man **SONNEN-STREIFER.**

Ein Komet ist eine Art riesiger, dreckiger Schneeball. Er besteht aus Felsen und vereistem Gas. Die Kometen ziehen immense Umlaufbahnen um die Sonne. Manchmal geraten sie so nah an die Sonne, dass sie anfangen zu schmelzen. Wenn das passiert, bildet sich ein Schweif hinter ihnen.

Ein Kometenschweif kann sehr lang und wunderschön sein. Manchmal erstreckt er sich über tausende Kilometer.

Im Kuipergürtel wurden einige Kometen entdeckt. Sie brauchen mehrere Hundert Jahre, um die Sonne zu umkreisen.

Andere Kometen wurden weit über Neptun hinaus entdeckt. Die brauchen sogar Millionen Jahre für eine Umlaufbahn um die Sonne.

Der Lander der **RAUMSONDE ROSETTA** ist am 24. November 2014 auf einem **KOMET** gelandet.

Kannst Du einen Kometen nachahmen, der um die Sonne kreist?

Orbiter Rosetta
Oberfläche des Kometen
Lander Rosetta

VIERTES KAPITEL

Wunderschöne Sterne strahlen in weiter Ferne.

IN WEITER FERNE

SPEKTAKULÄRES GESCHIEHT IM UNIVERSUM.
Dieses Foto zeigt einen Nebel. Auf Seite 103 erfährst Du, was ein Nebel ist.

UNIVERSUM

Das Universum ist alles, was sich in unserem Sonnensystem und darüber hinaus befindet. Es ist so riesig, dass man sich seine Ausmaße kaum vorstellen kann.

STERNE und **PLANETEN** bilden andere Sonnensysteme, fernab von unserem.

In diesem Kapitel entdeckst Du, was es außerhalb unseres Sonnensystems gibt.

Wohin würdest Du im Universum gerne reisen?

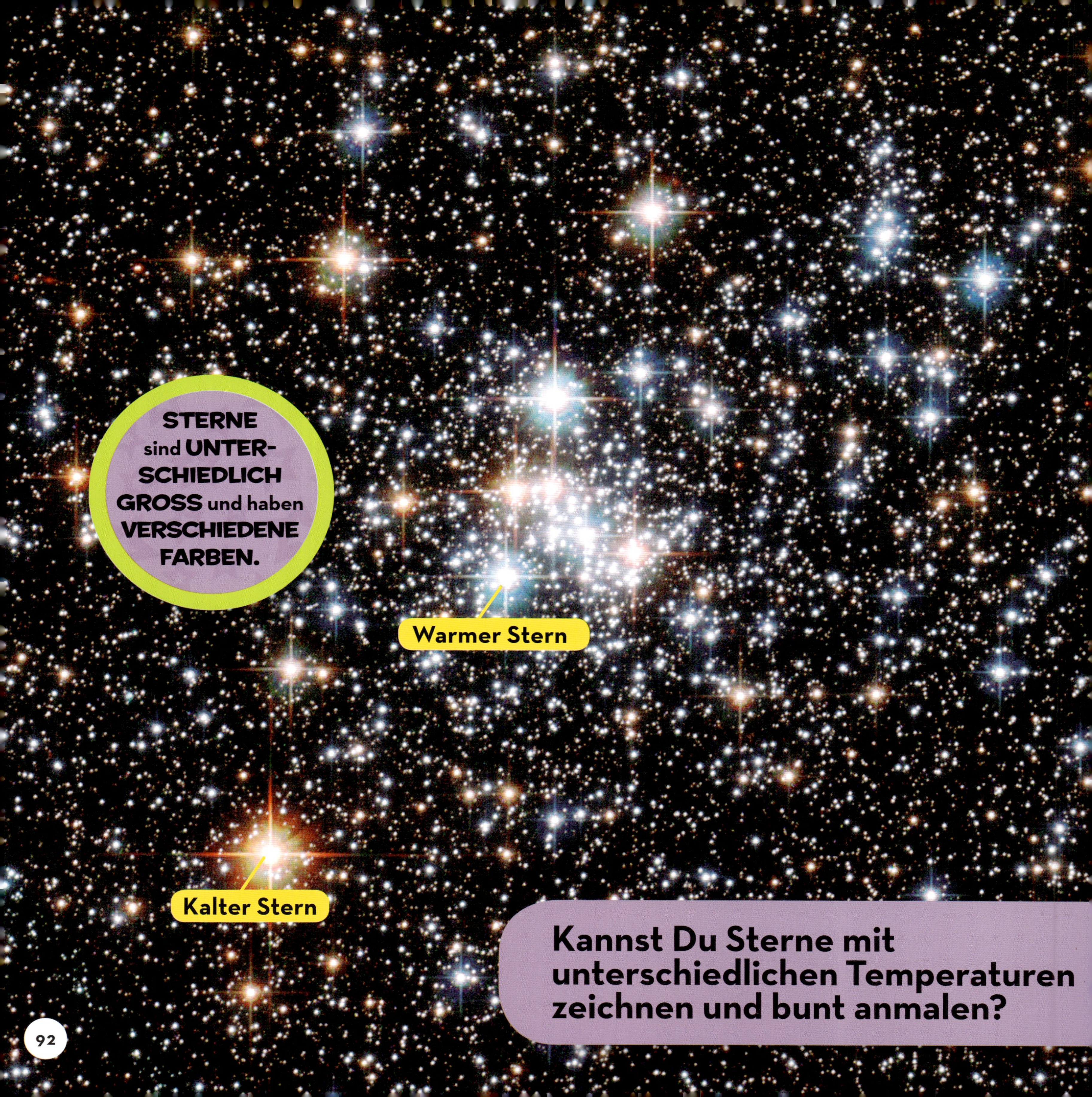

STERNE sind **UNTERSCHIEDLICH GROSS** und haben **VERSCHIEDENE FARBEN.**

Kannst Du Sterne mit unterschiedlichen Temperaturen zeichnen und bunt anmalen?

STERNE

In einer klaren, wolkenlosen Nacht, fern von den Lichtern der Stadt, kannst Du rund 3000 Sterne am Himmel sehen. Aber es gibt Milliarden, die Du nicht wahrnehmen kannst. Sterne produzieren Energie, deswegen strahlen sie. Sie bestehen aus sehr heißem Gas, das durch die Schwerkraft zusammengeballt wird.

STERNE HABEN UNTERSCHIEDLICHE TEMPERATUREN. Die wärmeren Sterne sind blau, die kälteren rot. Gelbe Sterne, wie unsere Sonne, haben eine mittlere Temperatur.

Der nächste Stern zur Erde ist die Sonne.
Das Sonnenlicht braucht ungefähr
acht Minuten, bis es zur Erde gelangt.

DAS SONNENLICHT lässt die **SEIFENBLASEN GLITZERN.**

IN WEITER FERNE

Der zweitnächste Stern zur Erde ist Proxima Centauri. Sein Licht erreicht die Erde erst nach über vier Jahren.

PROXIMA CENTAURI befindet sich außerhalb des Sonnensystems der Erde.

Ein Raumfahrzeug wäre von der Erde 19.000 Jahre bis zum Proxima Centauri unterwegs. Also auch als zweitnächster Stern ist er mehr als sehr weit entfernt!

Der Große Bär
Der Schwan
Die gelben Linien zeigen den **GROSSEN WAGEN** innerhalb des Sternbildes des **GROSSEN BÄREN.**

KONSTELLATIONEN

Schon in längst vergangenen Zeiten haben die Menschen imaginäre Linien zwischen den Sternen gezogen und so „Figuren“ gezeichnet. Diese Sternbilder nennt man Konstellationen.

Wenn Du in den Himmel schaust, kannst Du Dir ein Bild vorstellen, indem Du die „Punkte verbindest“?

Die Konstellationen sind wie Himmelskarten. Man zählt 88.

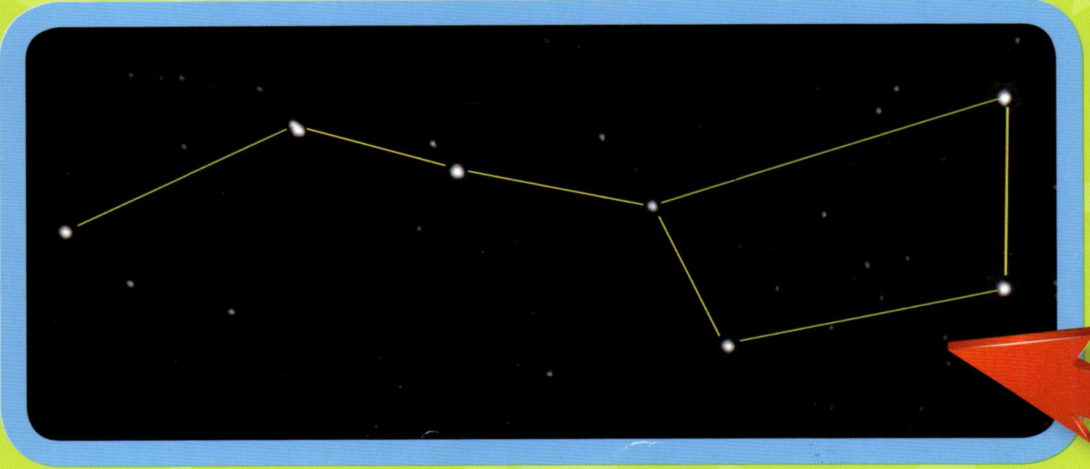

Der GROSSE WAGEN ist ein **ASTERISMUS,** eine Sternengruppe, die kleiner ist als eine Konstellation.

Es gibt **MILLIARDEN GALAXIEN** im Universum.
Eine **SPIRAL-GALAXIE** sieht aus wie ein **WIND-RÄDCHEN.**

GALAXIEN

Eine Galaxie ist eine durch Gravitation gebundene, große Ansammlung von Sternen, Gasnebeln und Staub. Hier drei Fotos unterschiedlicher Galaxien: spiralig, irregulär und elliptisch.

IRREGULÄRE Galaxien **HABEN KEINE** bestimmte **FORM.**

ELLIP-TISCHE Galaxien sind **EIFÖRMIG.**

Welche Galaxie gefällt dir mehr?

Die **STERNE**, die Du am **NACHTHIMMEL** beobachten kannst, befinden sich in der **MILCH-STRASSE.**

MILCHSTRASSE

Die Erde befindet sich in einer Spiralgalaxie, die Milchstraße heißt.

Die Milchstraße ist immens: Sie besteht aus Milliarden Sternen (sehr, sehr viele!).

Die **ERDE** befindet sich in einem **ARM** der **MILCHSTRASSE.**

Die Galaxie **ANDROMEDAR** ist der **MILCHSTRASSE AM NÄCHSTEN.**

Wie viele Nullen sind in 1.000.000.000 (einer Milliarde) enthalten?

Kannst Du mit Deinen Händen die Form des Schmetterlingsnebels nachmachen?

NEBEL

Die Sterne bilden sich und „leben“ mehrere tausend Jahre. Wenn sie an Energie verlieren, „sterben“ sie.

Einige Sterne explodieren, wenn sie sterben. Den übriggebliebenen Staub nennt man Nebel.

Auch neue Sterne entstehen in einem Nebel. Die Gase und der Staub verbinden sich und bilden junge Sterne.

Der **HELIX-NEBEL** sieht aus wie ein Auge.

Auf diesem Bild werden Licht und andere Himmelskörper von einem **SCHWARZEN LOCH** angezogen.

SCHWARZE LÖCHER

Mitten in der Milchstraße befindet sich ein schwarzes Loch.
Die schwarzen Löcher sind unsichtbar.
Ein schwarzes Loch ist ein Bereich im Weltraum, in dem die Schwerkraft so stark ist, dass nichts, was in sein Inneres gezogen wird, entkommen kann.
Nicht einmal das Licht kann einem schwarzen Loch entkommen: Deshalb kann man die schwarzen Löcher auch nicht sehen.

Fast in **ALLEN GALAXIEN** gibt es ein **SCHWARZES LOCH** in der **MITTE.**

Was ist unsichtbar: Dein Bett, die Luft, die Du atmest oder ein Auto?

FÜNFTES KAPITEL

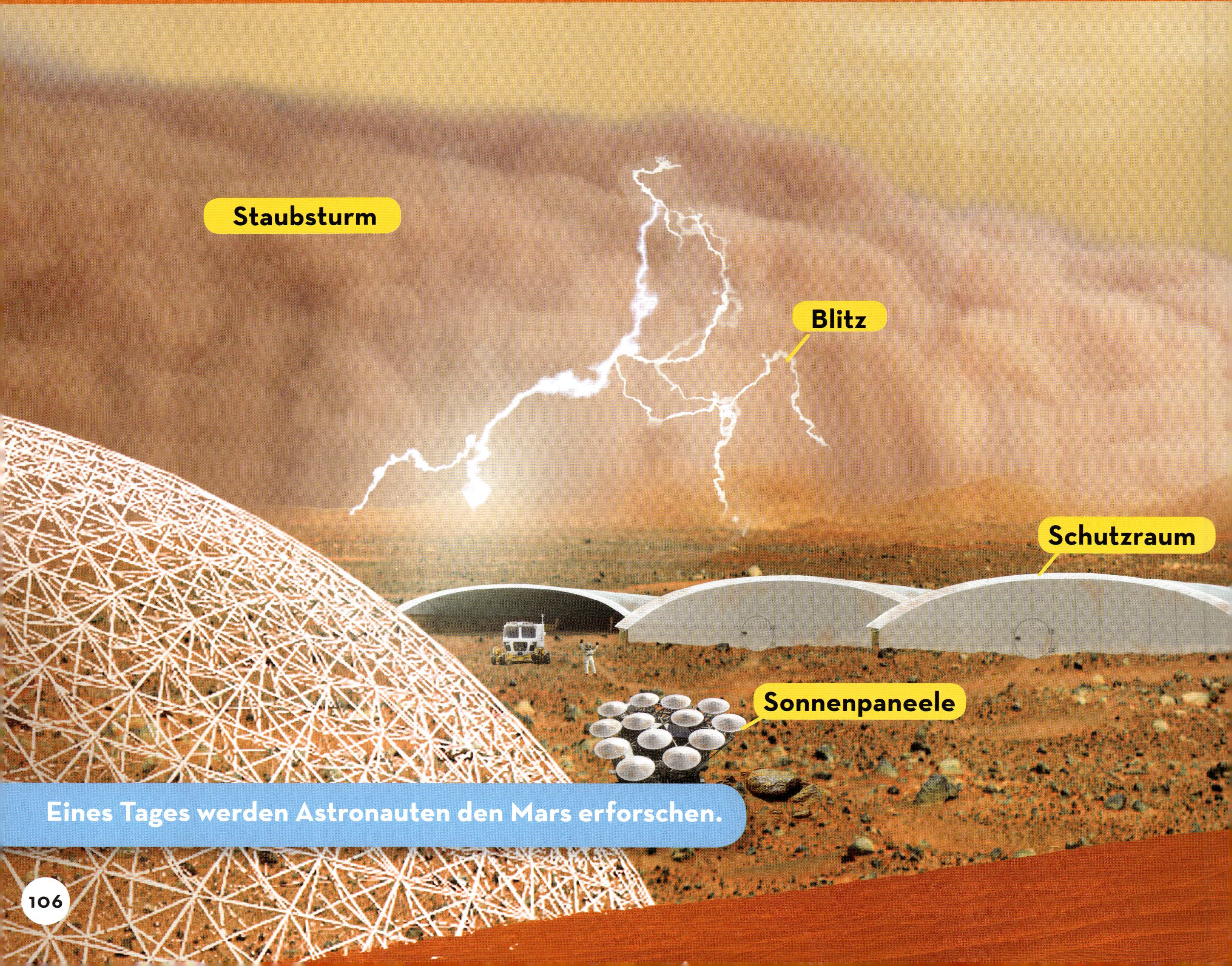

Eines Tages werden Astronauten den Mars erforschen.

DEN WELTRAUM ERFORSCHEN

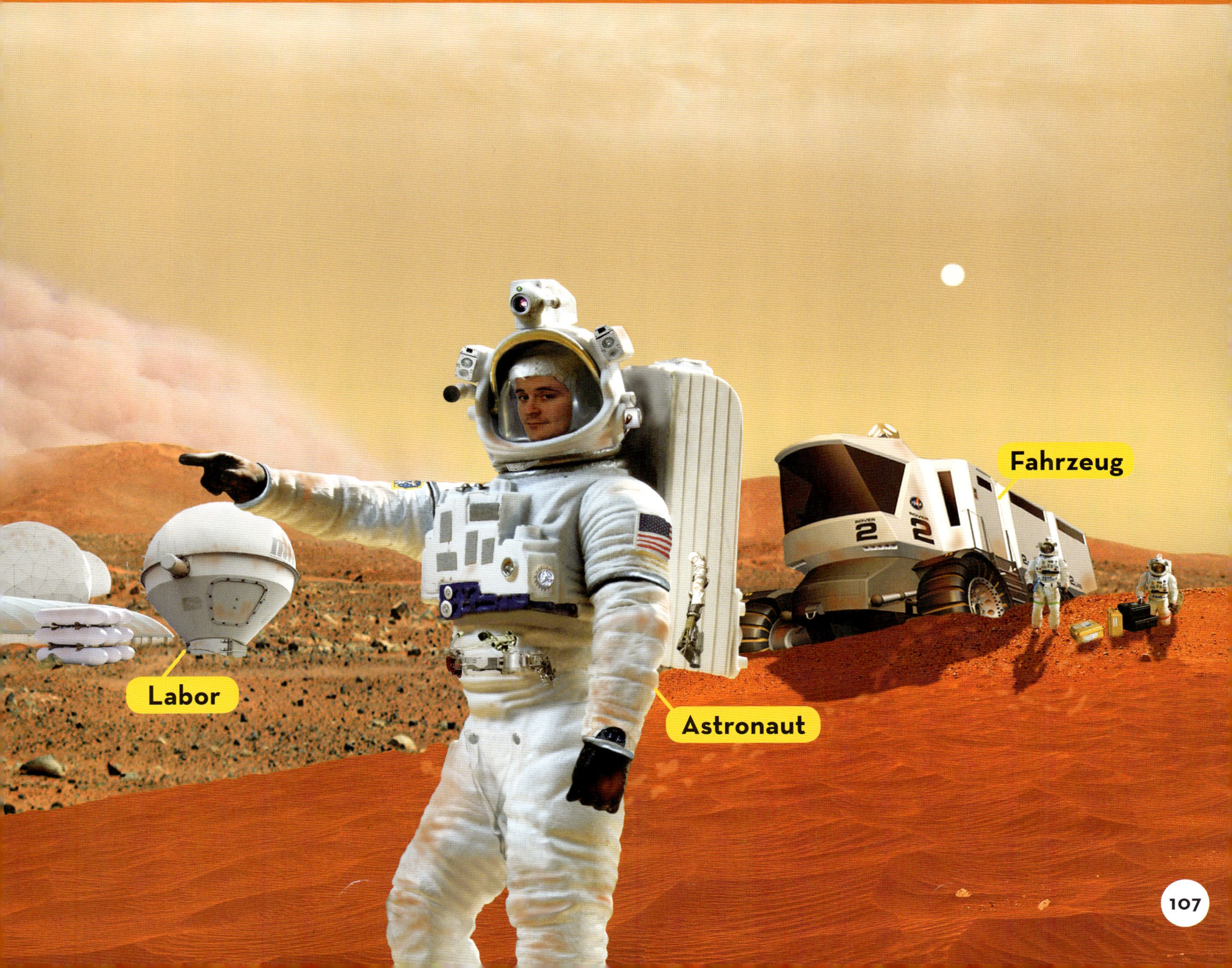

Dank ihrer besonderen **FORM** kann eine Rakete in die Atmosphäre rasen. Die Rakete ist **LANG** und **DÜNN** mit einer **SPITZEN** Nase.

ATLAS V hieß die **RAKETE**, mit der die Raumsonde **CURIOSITY** in den Weltraum transportiert wurde, um dort ihre Reise zum Mars anzutreten.

Weißt Du noch, wann die Raumsonde CURIOSITY losgeschickt wurde?

(KLEINER TIPP: Schau mal auf Seite 49 nach)

RAKETEN

Astronauten und ihre Ausrüstungen müssen mit einer Rakete in den Weltraum fliegen.
Die Rakete wird von einer Abschussrampe gestartet.

WETTER-SATELLITEN helfen bei der Vorhersage, ob die Sonne scheint, es regnet oder schneit.

Sie muss eine Geschwindigkeit von mehr als 11 Kilometer pro Sekunde erreichen, um der Schwerkraft zu entkommen.

Einige Raketen transportieren Satelliten in den Orbit um die Erde. Mit den Satelliten werden Karten erstellt, Mobiltelefone verbunden und Fernsehsignale übertragen.

Der **RAUMANZUG** besteht aus vielen Teilen, die den Astronauten schützen.

INTERNATIONALE WELTRAUMSTATION

Die Internationale Weltraumstation (ISS) kreist auf einer Umlaufbahn um die Erde. Sie wurde gebaut, um Astronauten aufzunehmen, die einige Wochen oder Monate im Weltraum leben und arbeiten. Die Astronauten verlassen hin und wieder die Raumstation, um draußen zu arbeiten. Sie laufen im Weltraum umher. Dort gibt es keine Luft und es ist sehr kalt. Deshalb müssen sie einen Raumanzug tragen.

Die **ISS** ist so groß wie ein **FUSSBALL-PLATZ.**

Würdest Du gern einen Raumanzug trage und im Weltraum herumspazieren?

Einige der **GRÖSSTEN TELESKOPE** auf der Erde stehen **AUF BERGGIPFELN**, wo die Luft **KLARER** ist.

TELESKOPE

Mit einem Teleskop kann man ganz weit entfernte Dinge im Weltraum sehen, die mit bloßem Auge nicht sichtbar sind. Schaut man durch ein Teleskop, sieht alles viel näher und größer aus.

Astronauten verwenden sehr große und starke Teleskope, um den Weltraum abzusuchen. Du kannst zuhause ein kleineres verwenden.

Hast Du schon mal durch ein Fernglas oder ein Teleskop geschaut, um Dinge in der Ferne besser zu beobachten?

Das Weltraumteleskop HUBBLE ist so groß wie ein Bus und umkreist die Erde. Seit 1990 hat HUBBLE über eine Million Bilder von Planeten, Sternen und Galaxien fotografiert, darunter diese:

Im Orbit oberhalb der Erdatmosphäre hat **HUBBLE** eine **BESSERE SICHT** in den Weltraum als Teleskope auf **BERGGIPFELN**.

„Mystischer Berg“ im Carinanebel

2018 wird ein neues Teleskop HUBBLE ersetzen. Dieses Weltraumteleskop wird JAMES WEBB heißen und wird noch weiter und deutlicher in den Weltraum schauen können, als sein Vorgänger.

Die Astronomen haben auch außerhalb unseres Sonnensystems Tausende **PLANETEN** auf **UMLAUFBAHNEN UM STERNE** entdeckt.

Einige Planeten anderer Sonnensysteme haben **ZWEI SONNEN.**

BEWOHNBARE ZONEN

Die Wissenschaftler fragen sich, ob andere Planeten mit Leben existieren.

Sie suchen nach anderen Planeten, die sich wie die Erde in „bewohnbaren Zonen“ befinden, in einer Entfernung zu deren Stern, wo es weder zu heiß noch zu kalt ist, also in der richtigen Position, um Leben zu ermöglichen. Vermutlich existieren außerhalb unseres Sonnensystems viele andere Planeten in bewohnbaren Zonen.

Die **NASA** hat **SEHR WEIT ENTFERNT** einen **PLANETEN** in einer bewohnbaren Zone entdeckt.

Würdest Du gerne einen anderen Planeten besuchen, auf dem man leben kann?

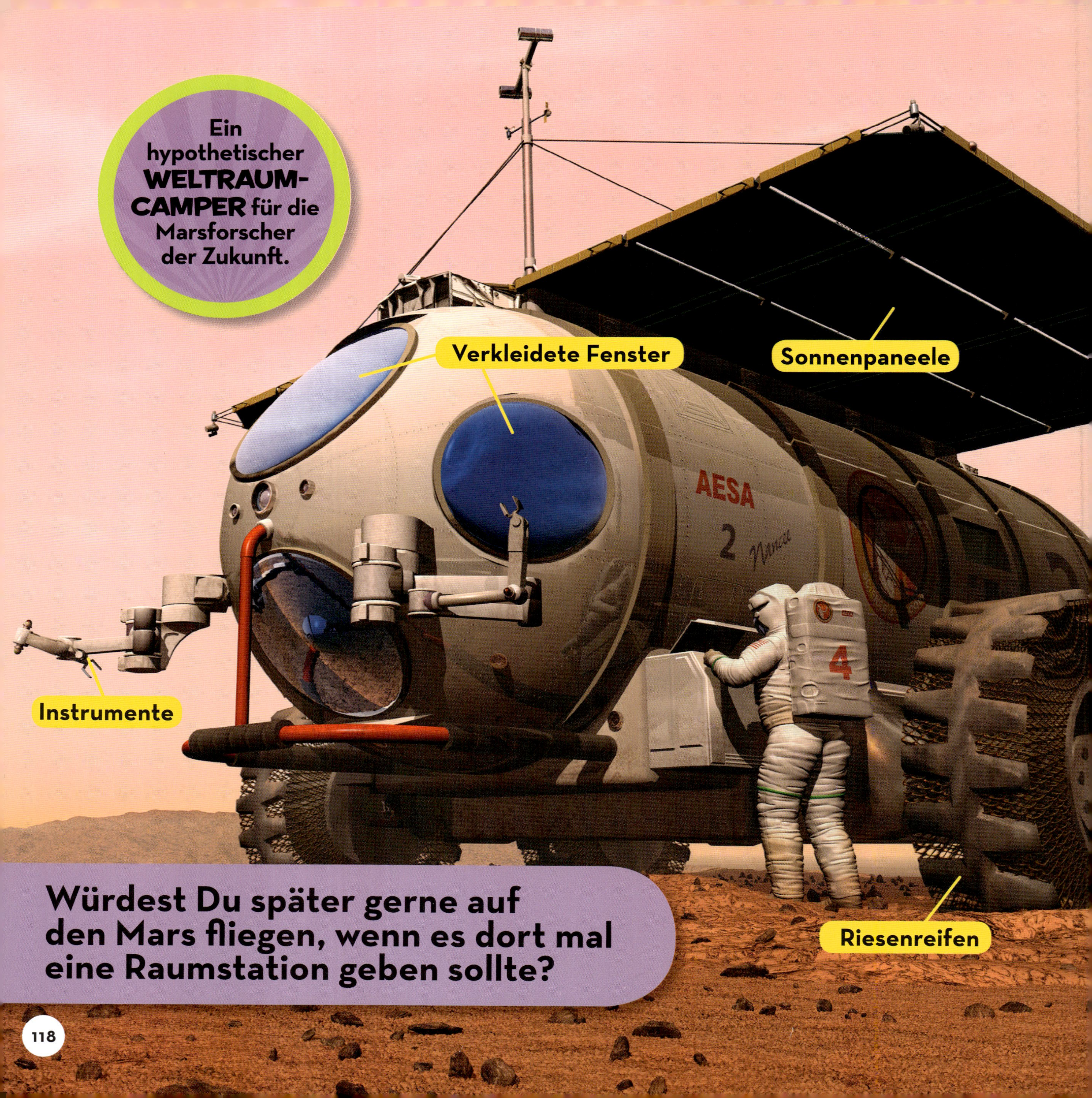

Ein hypothetischer **WELTRAUM-CAMPER** für die Marsforscher der Zukunft.

Würdest Du später gerne auf den Mars fliegen, wenn es dort mal eine Raumstation geben sollte?

LEBEN AUF DEM MARS?

Die Wissenschaftler sind überzeugt, dass der Mensch irgendwann eines fernen Tages den Mars betritt.

Das ist ein Raumflugzeug der **VIRGIN GALACTIC** während eines Testflugs über **KALIFORNIEN.**

Vorher werden Menschen in einem flugzeugähnlichen Raumgefährt im Weltraum reisen können.

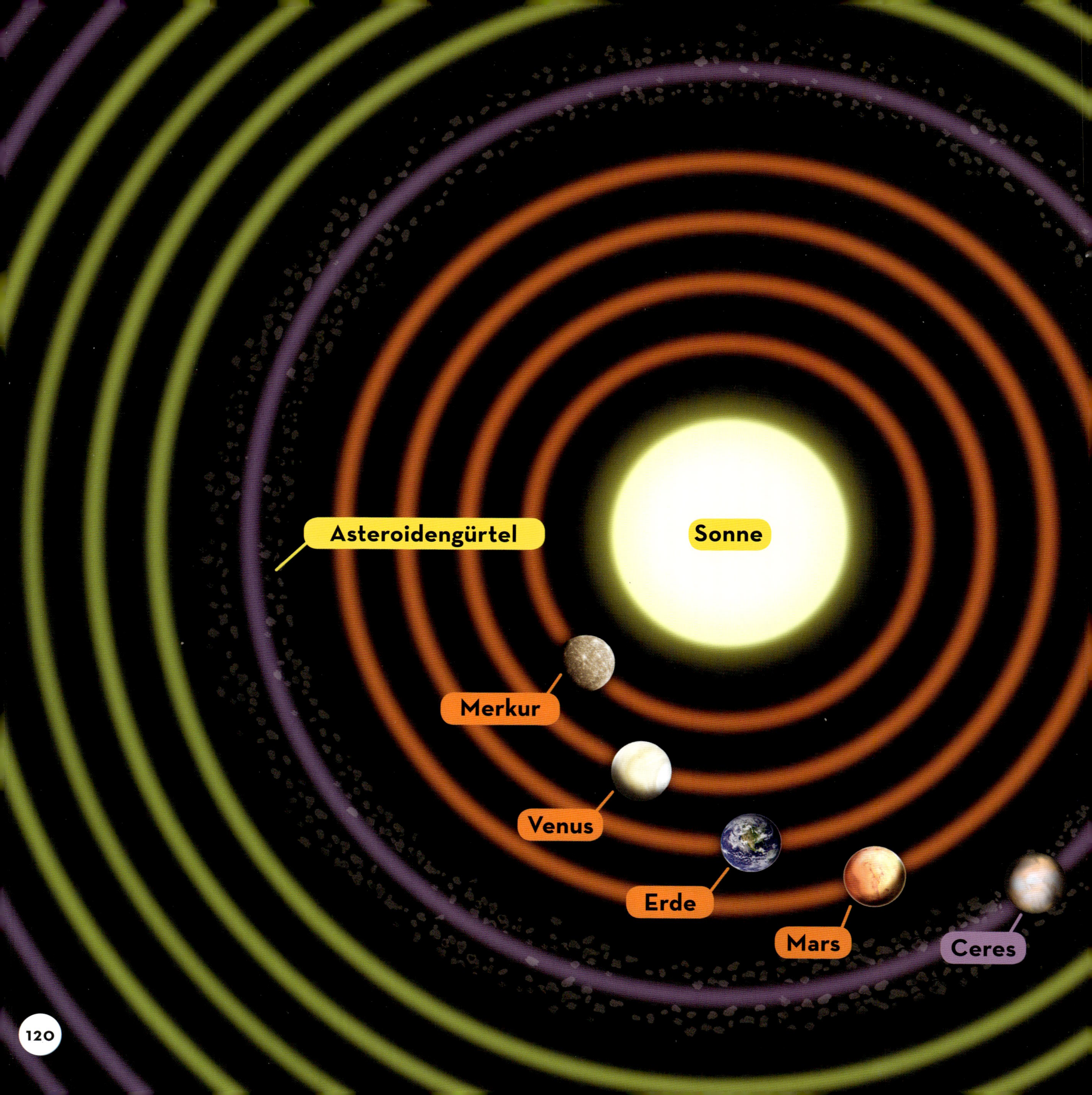
Asteroidengürtel
Sonne
Merkur
Venus
Erde
Mars
Ceres

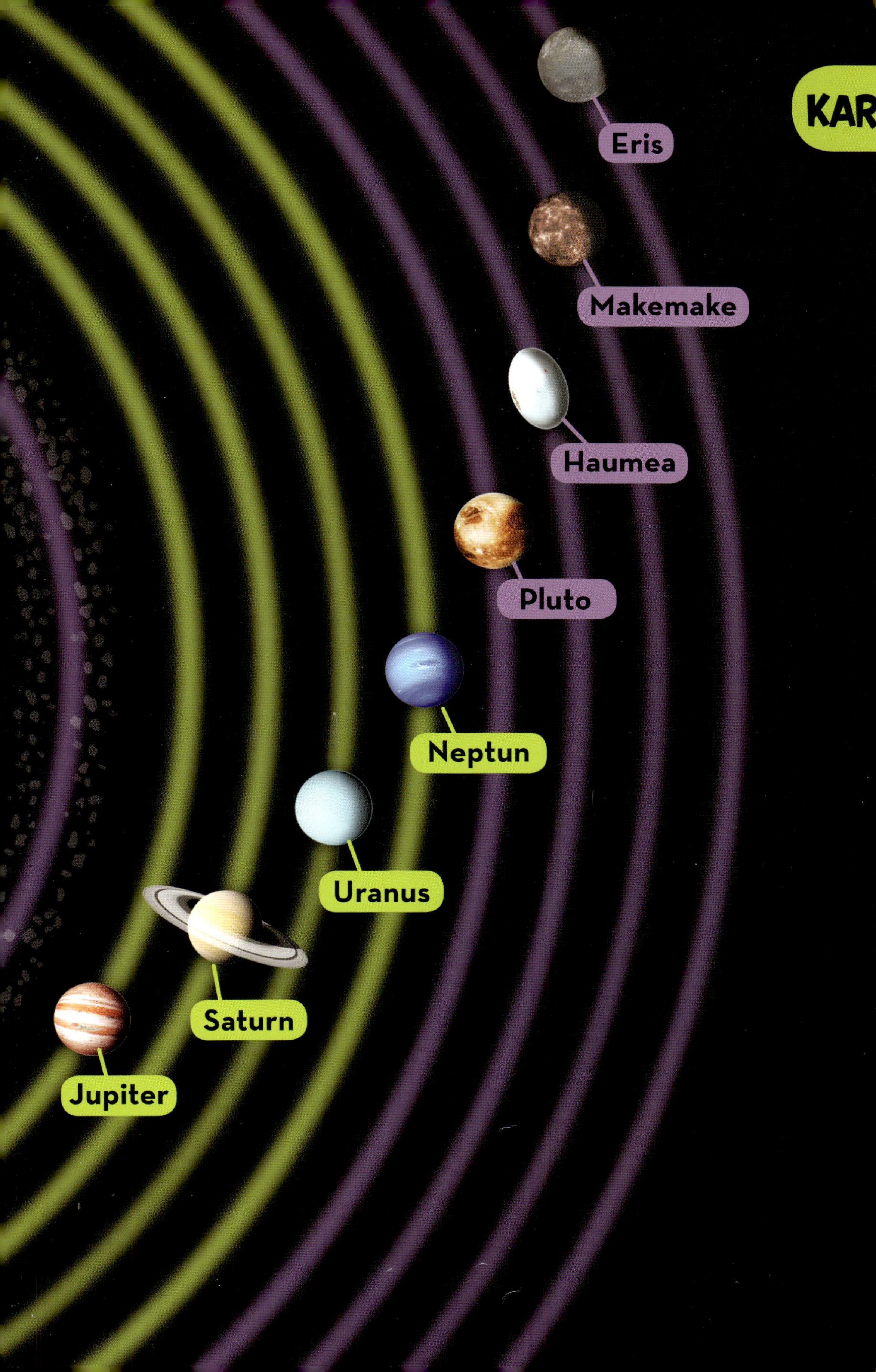

KARTE DES SONNENSYSTEMS

Nutz diese Seite als Gedächtnisstütze. Sie zeigt Dir die Verteilung der Planeten und Zwergplaneten im Orbit um die Sonne. Die Größen der Planeten sind hier nicht maßstabsgerecht.

ERDÄHNLICHE PLANETEN

Merkur
Venus
Erde
Mars

GASPLANETEN

Jupiter
Saturn
Uranus
Neptun

ZWERGPLANETEN

Ceres
Pluto
Haumea
Makemake
Eris

VORSCHLÄGE FÜR DIE ELTERN

Erweitern Sie das Wissen Ihrer Kinder über dieses Buch hinaus. Ein Besuch im Planetarium könnte deren Neugier, mehr über den Weltraum zu erfahren, zunächst befriedigen. Hier ein paar weitere Vorschläge, was man im Bezug auf dieses Buch noch so unternehmen könnte.

SONNENAUFGANG SONNENUNTERGANG
(BEOBACHTEN)

Die Sonne ist ein Stern. Verfolgen Sie an einem klaren, sonnigen Tag den Verlauf der Sonne von Sonnenaufgang bis Sonnenuntergang. Schauen Sie sich mit Ihrem Kind den Sonnenaufgang an und weisen Sie darauf hin, dass dort Osten ist. Gehen Sie gemeinsam im Laufe des Morgens,

um die Mittagszeit, am Nachmittag und letztlich bei Sonnenuntergang hinaus. Weisen Sie jedes Mal auf den veränderten Stand der Sonne hin und erinnern Sie daran, dass die Sonne im Osten aufgeht, über den Süden zieht und im Westen untergeht.

TAG UND NACHT
(EXPERIMENT)

Die Erde dreht sich wie ein Kreisel. Geben Sie Ihrem Kind in einem dunklen Raum eine Taschenlampe in die Hand und tun Sie so, als wäre es die Sonne. Zeichnen Sie einen Punkt auf einen Ball oder eine Weltkugel, oder kleben Sie ein Stück Papier auf, um den Ort zu kennzeichnen, an dem Sie leben. Dann demonstrieren Sie, wie sich die Erde um die eigene Achse dreht. Tag ist, wenn der Punkt zur Sonne gewandt ist und Nacht, wenn er der Sonne abgewandt ist. Tauschen Sie die Rollen, Ihr Kind spielt nun die Erde und Sie die Sonne.

MONDPHASEN
(TAGEBUCH)

Um sich mit den Mondphasen anzufreunden, braucht Ihr Kind etwas Geduld! Sehen Sie nach, wann das nächste Mal zunehmender Mond ist. Zeigen Sie Ihrem Kind den Mond mit seiner Bananenform und helfen Sie ihm, diese in einem Kalender nachzumalen. Alle zwei oder drei Abende schauen Sie sich an, wie der Mond „zunimmt" und wieder „abnimmt" und zeichnen die jeweiligen Formen in den Kalender. Am Ende entsteht eine vollständige Liste über die acht Mondphasen (vier sind auf den Seiten 26 und 27 beschrieben): Neumond, 1. Viertel, zunehmender Halbmond, 2. Viertel, Vollmond, 3. Viertel, abnehmender Halbmond, letztes Viertel. Bei Vollmond wird gefeiert, mit einer Torte oder einer anderen runden Süßigkeit!

MOND AUS DER NÄHE
(MIT FERNGLAS)

Wenn Sie ein Teleskop haben, helfen Sie Ihrem Kind damit den Mond zu betrachten. Ansonsten nehmen Sie ein Fernglas. Die Ansicht klappt besser, wenn Sie das Fernglas auf einem Stativ befestigen. Lassen Sie Ihr Kind den Mond beschreiben und vergleichen Sie gemeinsam, was man mit bloßem Auge erkennen kann.

STERNSCHNUPPEN (BEOBACHTEN)

In August und Dezember sind die Meteorströme der Perseiden und Geminiden die beste Gelegenheit, Sternschnuppen zu sehen. Wenn Ihnen und Ihrem Kind nächtliche Abenteuer gefallen, dann verfolgen Sie die Nachrichten oder kontrollieren Sie im Internet in Webseiten über Astronomie, wann die beste Zeit ist, um diese Sternschnuppenschwärme zu sehen. Und dann machen Sie ses sich alle zusammen draußen gemütlich und genießen das Spektakel!

MEMORY (GEDÄCHTNISTRAINING)

Es gibt acht große Planeten und fünf Zwergplaneten. Basteln Sie mit Ihrem Kind ein Kartenspiel aus festem Karton. Helfen Sie Ihrem Kind jeweils zwei gleiche Karten für einen Planeten zu zeichnen. Lassen Sie neben dem Planeten Platz für Hinweise zu besonderen Charakteristika des jeweiligen Planeten. Helfen Sie Ihrem Kind auch alle Namen zu schreiben: Merkur, Venus, Erde, Mars, Jupiter, Saturn, Uranus, Neptun, Ceres, Pluto, Haumea, Eris und Makemake.
Nun kann es losgehen mit dem Memory-Spiel: Karten verdeckt verteilen, jeweils 2 Karten aufdecken und gut merken, denn die Kartenpaare müssen gefunden werden.

PUNKTE VERBINDEN (ZÄHLEN)

Konstellationen sind fiktive Bilder aus Punkten am Himmel. Zeichnen Sie viele Punkte auf ein Blatt Papier, nummerieren Sie sie und fordern Sie Ihr Kind auf, sie in der richtigen Zahlenfolge zu verbinden, bis die Zeichnung eines Sternbildes fertig ist.

ESELSBRÜCKEN (POESIE)

Bringen Sie Ihrem Kind folgende Eselsbrücken bei:

Klammer auf,
der Mond nimmt ab.
Klammer zu,
der Mond nimmt zu

Im Osten geht die Sonne auf,
im Süden ist ihr Mittagslauf,
im Westen wird sie untergehen,
im Norden ist sie nie zu sehen.

EINE NEUE GESCHICHTE (ERZÄHLEN)

Schlagen Sie Ihrem Kind vor, ein „Buch“ zu schreiben. Ein Buch über eine Reise auf einen neu entdeckten Planeten in einer bewohnbaren Zone. Ihr Kind erzählt und Sie schreiben mit, füllen Sie es gemeinsam mit Zeichnungen auf jeder Seite. Ihr Kind kann auch das Deckblatt malen und dann wird über einen Titel für sein Buch nachgedacht.

GLOSSAR

ASTERISMUS
Sterngruppe, die nicht als eigenes Sternbild (Konstellation) gilt.

ASTEROID
astronomischer Kleinkörper, Fragmente.

ASTEROIDENGÜRTEL
Gebiet zwischen Mars und Jupiter, in dem sich Asteroide im Orbit um die Sonne befinden.

ASTRONAUT
Weltraumreisender

ASTRONOM
Weltraumforscher

ATMOSPHÄRE
Gasförmige Hülle, die einen Planeten umgibt.

DEIMOS
Einer der Monde im Orbit des Mars.

EUROPA
Einer der vier größten Monde um Jupiter.

FOBOS
Einer der Monde im Orbit des Mars.

GALAXIE
Eine durch Gravitation gebundene, große Ansammlung von Sternen, Planetensystemen, Gasnebeln.

GANYMED
Einer der vier größten Monde um Jupiter.

GRAVITATION
Starke, unsichtbare Anziehungskraft, die z.B. Objekte auf der Erde daran hindert, in den Himmel zu schweben.

GROSSER DUNKLER FLECK
Riesensturm auf Neptun, wurde von der Raumsonde Voyager auf den Fotos entdeckt, die 1994 mit dem Teleskop Hubble gemacht wurden.

GROSSER ROTER FLECK
Riesensturm auf Jupiter.

IO
Einer der vier größten Monde um Jupiter.

KALLISTO
Einer der vier größten Monde um Jupiter.

KOMET
Himmelskörper mit einer großen Umlaufbahn um die Sonne, besteht aus gefrorenem Gas, Felsen und Staub.

KONSTELLATION
Eine der 88 Sternengruppen, die ein Sternbild ergeben.

KUIPERGÜRTEL
Region in unserem Sonnensystem außerhalb der Neptunbahn.

LANDER
Raumfahrzeug, das auf einem Planeten, auf dem Mond oder einem anderen Himmelskörper landet.

LAVA
Heißes, flüssiges Gestein aus einem Gestein.

METEOR
Licht, das entsteht, wenn ein Gestein aus dem Weltraum beim Eindringen in die Erdatmosphäre verglüht, auch Sternschnuppe genannt.

METEORIT
Fragment eines Gesteins aus dem Weltraum (Meteorid), das auf die Erdoberfläche auftrifft.

MOND
Himmelskörper im Orbit um einen Planeten.

MONDPHASEN
Acht verschiedene Ansichten des von der Sonne angestrahlten Mondes, während er um die Erde kreist: Neumond, 1. Viertel, zunehmender Halbmond, 2. Viertel, Vollmond, 3. Viertel, abnehmender Halbmond, letztes Viertel.

NASA
Aeronautik- und Raumfahrtbehörde der USA (National Aeronautics and Space Administration).

NEBEL
Wolken aus Staub explodierter Sterne.

NEREID
Dritter Mond im Orbit um Uranus.

ORBIT
Umlaufbahn im Weltraum um einen Planeten oder einen Stern.

ORBITER
Raumsonde, die im Orbit um einen Planeten, einen Mond oder einen anderen Himmelskörper verbleibt ohne zu landen.

PLANET
Großer, kugeliger Himmelskörper, der um einen Stern kreist.

PROTEUS
Zweiter Mond um Uranus.

PROXIMA CENTAURI
Zweitnächster Stern zur Erde.

RAKETE
Leistungsstarkes Raumfahrzeug, das Astronauten, Satelliten und andere Ausrüstungen in den Weltraum befördert.

SATELLIT
Raumflugkörper im Orbit eines Planeten, das mit Geräten ausgestattet ist, um Messdaten über Klima zu erfassen und Karten zu erstellen.

SONNE
Stern im Zentrum des Sonnensystems der Erde.

SONNENAUFGANG
Zeitraum, in dem die Sonne am Morgen am Himmel aufgeht.

SONNENERUPTION
plötzlicher Strahlungsausbruch in der Sonnenatmosphäre.

SONNENSYSTEM
Besteht aus einem Stern und Himmelskörpern, die ihn umkreisen.

SONNENUNTERGANG
Zeitraum, in dem die Sonne abends am Horizont untergeht.

STERN
Heller, leuchtender Ball aus Gas wie die Sonne, in der Regel am Nachthimmel sichtbar.

STERNSCHNUPPE
Licht eines Meteoriden, der bei Eintritt in die Erdatmosphäre verglüht.

SUNGRAZER-KOMET
Sonnenstreifer

TELESKOP
Meist zylindrisch geformtes Instrument, zum näheren Betrachten sehr weit entfernter Objekte.

TRITON
Der größte Mond im Orbit um Neptun.

ÜBERFLUG
Flug einer Raumsonde über einen Planeten, einen Mond oder einen anderen Himmelskörper.

UNIVERSUM
Alles, was sich im Weltraum befindet.

ZWERGPLANET
Kleinere Planeten wie Ceres, Pluto, Haumea, Makemake und Eris.

BILDNACHWEISE

Alle Illustrationen sind von David Aguilar bis auf folgende:

1, kentoh/Shutterstock; 7, NASA; 14, Zhabska Tetyana/Shutterstock; 15, ESA/NASA/SOHO; 16, Sergej Khakimullin /Shutterstock; 17 (links), djgis/Shutterstock; 17 (rechts), Dan Briški/Shutterstock; 18, David Aguilar; 19, John Wheeler/Alamy; 20 (oben), Felix Mizioz- nikov/Shutterstock; 20 (unten), Ocean/Corbis; 21 (links), Vasiliy Koval/Shutterstock; 21 (rechts), Toncsi/Shutterstock; 22, ZouZou/Shutterstock; 23, Frans Lanting/National Geographic Stock; 25 (links), Dennis Hallinan/Alamy; 26 (links), Yarygin/Shutterstock; 26 (rechts), Bruce Heinemann/Getty Images; 27 (links), Thom Gourley/age fotostock/Getty Images; 27 (rechts), Radius Images/Getty Images; 28 (links), NASA; 29, NASA; 31, Detlev van Ravenswaay/Photo Researchers, Inc.; 37 (links), Stocktrek Images/Getty Images; 38, NASA; 39, NASA; 41 (links), Photo Researchers/Getty Images; 42, NASA; 43, NASA/JPL; 45 (links), NASA/JPL; 46 (oben, links), NASA/JPL-Caltech/University of Arizona; 46 (unten, links), NASA/JPL-Caltech/University of Arizona; 46 (rechts), Stocktrek Images/Getty Images; 47, Stocktrek Images/Getty Images; 48 (oben), NASA/JPL; 48 (unten), NASA/JPL/Cornell; 49, NASA/JPL/Caltech; 52, NASA; 53 (oben, links), NASA; 53 (oben, rechts), NASA; 53 (unten), NASA; 54, NASA/JPL; 55, NASA/JPL; 57 (links), Ludek Pesek/National Geographic Stock; 58, Steve A. Munsinger/Photo Researchers, Inc.; 60, NASA/JPL; 61 (links), Atlas Photo Bank/Photo Researchers, Inc.; 61 (rechts), NASA/ESA; 63 (unten, links), NASA; 63 (unten, rechts), NASA/JPL; 64, Stocktrek Images/Getty Images; 65 (links), Stocktrek Images/Getty Images; 65 (rechts), NASA; 69, NASA; 73, NASA/Johns Hopkins Applied Physics Laboratory; 74, NASA/JPL-Caltech; 80, Mark Garlick/Photo Researchers, Inc.; 81, NASA/Johns Hopkins University Applied Physics Laboratory/Southwest Research Institute; 86, ESA/AFP/Getty Images; 87, Erik Viktor/AFP/Getty Images; 90, NASA/JPL-Caltech/STScI/Institut d'Astrophysique; 91, NASA/JPL-Caltech; 92, NASA/ESA; 94, BestPhotoByMonika- Gniot/Shutterstock; 95, Julian Baum/Photo Researchers, Inc.; 96, Amana Images Inc./Alamy; 97, Science Source/Photo Researchers/Getty Images; 98, NASA/ESA/STScI; 98 (rechts), StockCube/Shutterstock; 99 (links), NASA/ESA/STScI/AURA; 99 (rechts), NASA/ESA/STScI; 100, Babak Tafreshi/Photo Researchers, Inc.; 101, NG Maps/National Geographic Stock; 102, NASA; 103, NASA/ESA/Hubble SM4 ERO Team; 108, NASA/Darrell L. McCall; 108 (interno), NASA/JPL-Caltech; 109, Andrea Danti/Shutterstock; 110, NASA; 111, NASA/National Geographic Stock; 112, David Robertson/Alamy; 113, Steve Cole/iStockphoto; 114 (oben), NASA/STScI; 114 (unten, links), NASA/AURA/STScI; 114 (unten, rechts), NASA/ESA/HEIC/STScI/AURA; 115, NASA/ESA/STScI; 118, Stocktrek Images/Getty Images; 119, David Paul Morris/Bloomberg/Getty Images

INDEX

Die Seitenangaben der Abbildungen sind **fettgedruckt**.

Für Tyler und Alexa, in Erinnerung an ihre geliebte Großmutter Nancy Jo, die im Leben aller, die sie kannten, wie ein leuchtender Stern war.
- CDH

Danksagungen

Besonderer Dank gilt James L. Green, Ph.D. und Steven H. Williams, Ph.D. der National Aeronautics and Space Administration's Planetary Science Division in Washington, D.C.

Ihre Zeit und ihre Kompetenz waren bei der Erstellung dieses Buch unentbehrlich.

Seit ihrer Gründung 1888 hat sich die National Geographic Society weltweit an mehr als 12 000 Expeditionen, Forschungs- und Schutzprojekten beteiligt. Die Gesellschaft erhält Fördermittel von National Geographic Partners LLC, unterstützt unter anderem durch Ihren Kauf. Ein Teil der Einnahmen dieses Buches hilft uns bei der lebenswichtigen Arbeit zur Bewahrung unserer Welt. Das legendäre NATIONAL GEOGRAPHIC-Magazin erscheint monatlich. Darin veröffentlichen namhafte Fotografen ihre Bilder und renommierte Autoren berichten aus nahezu allen Wissensgebieten der Welt. National Geographic im TV ist ein Premium Dokumentations-Sender, der ein informatives und unterhaltsames Programm rund um die Themen Wissenschaft, Technik, Geschichte und Weltkulturen bereithält. Falls Sie mehr über National Geographic wissen wollen, besuchen Sie unsere Website unter www.nationalgeographic.de.

Titel der Originalausgabe: *First big Book of Space*

Deutsche Ausgabe veröffentlicht von:

WS White Star s.r.l. Mailand, 2018

Lizenznehmer von: National Geographic Partners, LLC

ISBN 978-88-540-3758-8
2 3 4 5 6 22 21 20 19 18

Gedruckt von Rotolito S.p.A. - Seggiano di Pioltello (MI), Italien

Übersetzung: TperTradurre, Rom (Joan Hass)